ぐらんが紡いだ
100の物語

奥田裕之・牧田東一ほか

コモンズ

はじめに

「草の根市民基金・ぐらん」(以下、「ぐらん」)は、東京都内のNPO(非営利組織)とアジアのNPO、NGO(非政府組織)の活動や事業を応援するために、一九九四年に発足しました。ぐらんは、企業や行政がつくる基金や助成制度と違って、市民の寄付で成り立ち、市民の手で長年続いている、日本でも数少ない助成の仕組みです。助成団体を市民が自ら選び、選考を公開の場で行い、助成後も市民と助成団体の交流が続きます。二〇〇八年までに一〇〇の団体へ総額三五一一万円の助成を行い、福祉・人権・環境・まちづくりなどさまざまな市民活動・市民事業を応援してきました。

私たちがいま生きる社会は、経済のグローバル化や、人類の生存を危うくし、地球環境の破壊をもたらす地球温暖化が進んでいます。さらに、足元では急速な高齢化と少子化、格差の拡大、政治の貧困などの不安が増大する一方です。その解決のために何ができるのか、何をすべきなのか。誰しも容易に回答は出せません。

しかし、確実に言えるのは、その回答を出すのは他でもない、地域で普通に暮らしている私たち市民であるということです。この一四年間ぐらんをとおしてつながってきた多くの市民の活動や事業は、地味ではあっても、また始めの一歩ではあっても、その回答を引き出すために一生懸命訴え、考え、連帯して行動してきた市民によって、前進してきました。そうした市民がいるかぎり、日本社会の、そして人類の希望は、あるはずです。

ぐらんとは、フランス語で「大きな」という意味です。私たちは草の根の団体が大きく育っていくことを支援してきました。そして、これからも支援していきます。

私たちは、皆さんにこう呼びかけたい。

「私たちを応援してください！」

「皆さんも今日から仲間になってください！」

この本を読んでくださった方々が、「市民がつくる明日の社会」を実感していただければ幸いです。

二〇〇九年一月

樋口　蓉子

もくじ●市民ファンドが社会を変える

第2章　ぐらんが支援してきたNPOとNGO——奥田裕之　59

装丁●日高眞澄

プロローグ

市民の寄付で市民事業を育てる

樋口　蓉子

市民がつくったNPOやNGOへの助成の仕組み

人はこの世に生まれてから、一人で生きていくことはできない。家族に始まり、地域社会、自治体、国家、さらにグローバル化した現代では、世界とも直接的なかかわりをもって生活している。

私たちが生きていくためには、家族間などでお互いに支え合う無償のサービス、税金によってなされる自治体や国の行政サービス、お金を払って得られる企業のサービスが必要である。加えてもうひとつ、近年では行政や企業では対応できないさまざまな課題を解決するために、市民事業によるサービスが重要になってきた。人びとの価値観が多様化し、その多様なニーズに応えるには、公平性をもっぱらとする行政の画一的なサービスでは応じきれないからだ。地域で生活する生活者の視点をもった、市民が提供するサービスが求められているのである。

二〇〇八年一〇月末現在、日本には認証を受けたNPO法人の数は三万五〇〇〇団体を超えている。東京都内だけでも約六〇〇〇団体ある。法人格をもたない任意団体も加えれば、その数は計り知れない。読者の方々が住む地域にも、たくさんのNPO法人や市民団体(総称してNPOと呼ぶ。NPOについて詳しくは第4章を参照)が存在し、多彩な活動や事業を展開しているだろう。

こうしたNPOがもっとも困っているのは、資金面である。ほとんどの場合、事務局はボランティアもしくはスタッフの低賃金によって成り立っている。生活ができる程度の賃金を払い、常勤のスタッフをかかえているNPOは、まだまだ少数派である。活動や事業を起こし、継続していくためには、ある程度の資金はどうしても必要になる。

ぐらんは、このような市民の活動や事業を応援してきた。「社会に役にたつことをしたいけれど、どうしてよいかわからない」「よい活動へならお金を出す意思はあるが、どのNPOに出したらよいかわからない」という市民の善意と「大事な活動だけれど、財源的に苦しい」というNPOの課題をマッチングする活動を行なっているのである。

市民からの直接寄付で成り立つ「市民による基金」

ぐらんは、「市民による、市民のための基金」である。市民一人ひとりから直接寄付を受けて、財源を賄ってきた。他の基金や助成制度にない最大の特徴である。これには、誕生の由来が深くかかわっている。設立から今日までの変化については第1章で詳しく述べるので、ここではその特徴を理解していただくために、設立の経緯についてふれておきたい。

ぐらんは、生活クラブ生活協同組合・東京(以下、「生活クラブ生協」)の活動のなかから一九九四年に始まった。生活協同組合(1)というと、一般的には「いいものが(安く)買えるところ」という理解かもしれない。しかし、実はそれだけの存在ではない。本質的な部分なので、ていねいに説明しておきたい。国際協同組合同盟(ICA＝International Co-operative Alliance)は、協同組合を次のように定義している。

「協同組合は人びとの自発的な組織であり、自発的に手を結んだ人びとが共同で所有し、民主的に管理する事業体を通じて、自らの共通の経済的・社会的・文化的ニーズと願いをかなえることを目的とする」

日本には二〇〇八年現在、約六〇〇〇もの生活協同組合がある。組織的にはそれぞれ独立しており、性格や事業内容も異なる。生活クラブ生協は、そのひとつだ。生活クラブ生協は、一九六八年に東京都世田谷区で発足し、四〇年を経たいま、北海道から大阪府まで一九都道府県に二九の組織があり、組合員は三〇万人を超えている。巷では、もっとも生協らしい生協であり、それゆえに「面倒くさい」「活動が大変」といわれているが、これは協同組合の定義に忠実であることを意味する。

ぐらんの誕生は、生活クラブ生協(当時、一都一〇県にあり、各都県ごとに運営)が一九八九年に「ライト・ライブリフッド賞[2]」を受賞したことが契機となっている。同賞は「もう一つのノーベル賞」ともいわれ、人権や環境などの分野で活躍する人びとに贈られる栄誉ある賞である。

授賞式はノーベル賞と同じくスウェーデンのストックホルムで行われ、日本の全国紙でも写真付きで大きく紹介された。生活クラブ生協は、生産者と消費者が連携しながら日本の第一次産業を守り、つくり手と生産過程の素性がわかる「材」を、組合員の購買力の結集によって責任をもって消費することをモットーとしている。こうした生産から消費、さらには廃棄までを一連の流れにした経済活動の確立が評価されたのである。同時に、市民が食料問題を解決し、自然環境を守り、そして他者に委ねずに自らの生活を自治していく（コントロールしていく）、という思想の具体化が評価されたといえる。

この受賞を契機に生活クラブ生協では、市民による社会的な活動をより広げていくことをめざし、社会的なさまざまな問題に対処するために、環境保護活動、市民事業、ＮＧＯへの支援を決定した。そして、ぐらんのもととなる基金を設置したのである。市民による生活の自治という生活クラブ生協の理念が、ぐらんの第一の特徴である「市民による、市民のための基金」をかたちづくっているといえるだろう。

当時、生活クラブ生協の理事として運営にかかわる立場にいた私は、自分たちが行なってきたことは普通の主婦が自分たちの生活を納得できるものにしていきたいという、ごく当たり前の想いを具体化しているにすぎない、と感じていた。そこにかける知恵とエネルギーは大したものではあったが、普通の市民がやっていることである。それは、ぐらんの活動にも通じている。

自分たちの生活を本当の意味で豊かなものにしていくために、そして国を超えて人びとの人権と暮らしが守られる社会をつくっていくために、普通の市民ができることを、少しずつ力を合わせてみんなでつくっていく。それが、ぐらんの活動である。

公開、参加型で、透明性の高い公正な運営

助成するNPOの選考方法も、他にはない特徴がある。詳しくは第1章と第3章で説明するので、ここでは概要だけを示しておこう。

選考は公開の場で行われる。選考にかかわるのは、ぐらんの運営責任を担う草の根市民基金・ぐらん運営委員と、寄付者のなかから自薦・他薦によって選ばれた選考委員だ。つまり、寄付者が選考決定に参加できる仕組みとなっているのである。

ぐらんには始めの一歩を応援するという意図はあるが、活動の分野や助成金の使途は限定していない。だから、対象となる分野はさまざまだ。環境(と言っても広い!)もあれば、高齢者・障がい者・子ども・医療などの福祉もあれば、人権問題、教育、まちづくりもある。若者の引きこもり支援など時代状況を表す分野も少なくない。巻末の助成団体一覧を見ていただければ、その幅の広さがおわかりいただけるだろう。

また、助成金の使途の制限もない。たとえば人件費には使えないというように限定されている助成制度が多いが、ぐらんの助成は何に使ってもよい。もらう側にとってはありがたい仕組

みだ。それゆえに、さまざまな団体が応募してくる。選考にあたる私たちも大変だ。選考のポイントは、社会貢献・自主性・公開性・先駆性・継続性・発展性・地域コミュニティ・資金調達・事業実施能力である。

公開選考会には応募団体の関係者や寄付者が集まり、各団体のプレゼンテーションが行われる。各団体も緊張しているだろうが、私たちも大いに緊張する。自分の発言がマイクで会場に伝わり、どの団体に点数を入れたかがスクリーンに映し出されるのだから、責任は重大だ。プレゼンテーションを聞くと、どこの団体にも助成してあげたいと思う。このときほど、「助成金額がもっとあったら！」と思うことはない。

公開性と並ぶ特徴は、参加型という点だ。選考にかかわるのは運営委員と選考委員だけではない。寄付者も参加できる。寄付者全員が「ポイントアクション」と呼ばれる事前選考へ参加できる。これは、事前に公開選考会へ参加する応募団体の活動内容が付記された一覧表が配布され、そのなかから投票したい都内三団体・アジア一団体を選べる制度である。

また、応募団体関係者・寄付者などの傍聴者も含めて公開選考会に参加したすべての人は、会場で投票できる。ただし、公平性を保つために、その比重は小さく設定されている。事前の根回しがされたり、当日の関係者の大量動員につながりかねないからだ。

このようなさまざまな工夫によって、公開性と参加型を維持している助成基金の事例は、多くは聞かない。毎回お願いしている参加者アンケートでは、「公開であったり傍聴者が選考に参加できるなど、選考の方法がユニークで、よい仕組みだと思います」「限られた時間のなかでとてもよく準備された、公平にオープンで気持ちのよい選考会に参加させていただき、感謝いたします」といった声が寄せられ、高い評価をいただいている。

新しい市民活動が生まれる草の根交流会

第三の特徴は、単にお金の関係だけではなく、人と人、団体と団体の交流の場をめざしていることである。公開選考会もその一つの場だが、加えて一年に一回、草の根交流会を行なっている。選考会が助成が受けられるかどうかという切実な場であるのに対して、草の根交流会はゆっくりとした集いの場だ。その目的は二つある。

ひとつは、助成期間が終わった時点で、助成金がどのように使われ、活動にどう役立ったのか、各団体から報告を受けることである。寄付者にとっては、自分の寄付がどのように活かされたかを直接聞ける場になる。もうひとつは、報告後に行われる団体同士の情報交換や交流である。草の根交流会には助成期間が終わった団体のほかに、助成金を受けて活動中の団体や多くのNPOも参加している。そうした団体が、にぎやかに交流する。

また、ぐらんへの主要な寄付者である生活クラブ生協も小規模な交流会を開いたり、草の根ツアーと称して助成団体を訪問している。これらは小規模であるがゆえに、理解の深まりも期待できる。

こうした交流は、まさに市民がつくる基金であるからこそ可能である。草の根交流会の参加者のアンケートからも、「団体同士の交流や、いろいろな方々との理解が深まればいいと思います」「助成された団体が、その後どのようになっていったかを知りたいと思います」など、交流への期待が感じられる。

思いをこめたお金がつくり出す新たな社会

多くの団体は、助成を契機にさらに活発な活動を行なっている。助成終了後に新聞報道などでその活躍を知るときは、我がことのようにうれしくなる。それは、多くの人たちの意志と思いをこめたお金が立派に役立ち、社会に還元されていることの証だからである。

NPOの活動や事業に対して、社会的な期待が増大しているいま、ぐらんに求められる期待も、ますます高まっている。本書では、ぐらんの成り立ちと意義、助成してきた団体の紹介、日本のさまざまな助成制度の概要、さらに助成にとどまらない市民事業への支援についての提案を行なった。それらの内容が、今後の新たな日本社会をつくり出す活動の一助となることを願っている。

助成に必要な年間三〇〇〇万円の確保は、容易ではない。しかし、これは、本当に多くの市民の「私の思いをつなげたい」という意志がこめられた貴重なお金である。これまで寄付をしてくださり、ぐらんの活動に協力してくださった皆さんには、この場をお借りして厚く感謝を申し上げたい。

(1) 協同組合は、共通する目的のために個人や中小企業者などが組合をつくり、組合員として事業体を設立して運営管理を行う、非営利の相互扶助組織。日本では協同組合についての基本法がなく、事業内容ごとに個別の特別法で定義されている。生活協同組合はそのひとつで、消費生活協同組合法に基づいた組織を指し、一般市民が生活レベルの向上を目的に出資して結成した組合組織である。

(2) 一九八〇年にスウェーデンのヤコブ・フォン・ウェクスクル氏によって創設された「ライト・ライブリフッド財団」が毎年贈る賞で、「もうひとつのノーベル賞」と呼ばれている。「現在、われわれが直面しているもっとも緊急かつ必要とされる問題に対し、実質的で模範的な貢献をした人を称え、また支援する」ことを目的に、その趣旨に沿った団体や個人を授与の対象とする。日本では、八九年に生活クラブ生協が、九七年に高木仁三郎氏が受賞した。http://www.rightlivelihood.org/home.html

第1章

市民がつくった助成の仕組み

奥田雅子

1　小さくとも価値のある活動を応援

ぐらんの助成対象は二つに分かれている。ひとつは身のまわりの市民活動を支援する「都内草の根助成」、もうひとつは近隣アジア諸国における日本の市民活動を支援する「アジア草の根助成」だ。一九九五年度から二〇〇七年度までの一三年間で、ちょうど一〇〇の団体に助成を行なってきた（表1）。他の大きな財団や事業などの取り組みに比べれば、私たちの歩みはささやかなものである。とはいえ、着実に、そして形式にとらわれずに、市民活動への支援を続けてきた。

助成するための財源は、生活クラブ生協の組合員からの寄付が中心だ。〇七年度には二三八〇人の市民から、三七〇万円あまりの寄付をいただいた。収入が少なくなって存続の危機に陥った時期もあったが、透明性の高い信頼のおける基金として長年にわたって助成を続けてきたお陰で、いまでは多くの皆さんからの支持をいただけている。

ぐらんは、一人のお金持ちや大企業、あるいは公共の資金で成り立っている他の多くの助成団体とは異なり、普通の市民が少しずつお金を出し合い、自分たちで応援したい団体を選ぶ。その結果、お金を出す側の市民が共感できる、小さくとも価値のある活動を応援してきた。

また、単にお金を出すだけでなく、寄付者はじめ市民と助成した団体との間での交流を深める企画を毎年行なっている。そのため、助成する側もNPOやNGOの活動を肌で感じることができる。そして、寄付者たちに「何かあったときには、このNPOが手助けをしてくれる」という安心感が生まれる。実際に、応援したいNPOへ参加したり、支援してもらったりという関係性も生まれている。

さらに、これまで関係のなかった異分野のNPOが交流会で知り合い、いっしょに活動を行なったり、互いに補足しあって新しい事業を始めたりした例も見られる。これは、想定外のうれしい効果である。

第1章では、ぐらんがどんな経緯で構想されたのか、そしてどんな運営をするこ

表1　ぐらんの助成一覧（1995年度～2007年度）

年度	都内の団体数	金額（万円）	アジアの団体数	金額（万円）	合計団体数	合計金額（万円）
1995	8	250	1	30	9	280
1996	6	200	1	50	7	250
1997	5	200	1	50	6	250
1998	6	200	0		6	200
1999	8	200	1	31	9	231
2000	6	200	3	100	9	300
2001	5	200	2	50	7	250
2002	7	200	2	100	9	300
2003	6	200	3	100	9	300
2004	7	200	2	100	9	300
2005	7	200	0	100	7	300
2006	5	200	1	50	6	250
2007	6	200	1	100	7	300
	82	2,650	18	861	100	3,511

（注）アジア草の根助成は、2004年度から2年間の継続助成に、06年度から新規一団体・継続一団体に、変更した。

とで民主的で開かれた市民の助成制度が成り立っているのかについて、説明していきたい。

2　ぐらんの船出まで

始まりは緑の基金

プロローグで述べたように、一九八九年に生活クラブ生協はライト・ライブリフッド賞を受賞した。これを機に、東京都と神奈川県の生活クラブ生協が助成制度の創設を検討する。そして、生活クラブ生協・神奈川は「かながわ若者生き活き大賞」を創設し、生活クラブ生協・東京は「緑の基金（仮称）」を構想した。ぐらんの歴史は、九〇年五月にこの緑の基金をつくる決定がなされたときに始まる。

緑の基金の目的に掲げたのは、①地域の環境保護に関する活動への助成、②地域市民事業の開業資金や運転資金などへの融資の利子補給、③第三世界への開発協力を行なっているNGOへの助成の三つだ。原資は、生活クラブ生協の各年度の事業剰余金の一定額を労働金庫（労働組合や生協が会員となる非営利の金融機関）に積み立て、その預金利子の一部と合わせて五億円を集めるという計画だった。

事業剰余金は、企業の利潤とは違って社会的な性格をもっている。それゆえ、一部を市民活動や市民事業に支出するのは協同組合の本来の性格に沿うと考えたのである。この決定にしたがって、八九年度から九二年度まで、事業剰余金からの積み立てを実施する。

一方で、市民事業を支援するための資金拠出の仕組みを模索していく。アメリカのＮＰＯや企業による社会貢献活動、助成財団の動きなどを参考にしながら、緑の基金の有効な活用方法と、制度や運営の仕組みに関する議論を進めていった。

九二年度末には積立額が一億三〇〇〇万円に達し、運用益は約五〇〇〇万円となる。この段階で、助成活動が開始できると判断した。そして、開始を決定するために、九三年五月の総代会（生協における最高決定機関）に向けて、組合員の討議がされていく。

組合員の議論の積み上げによって活動方針を決定し、実行していくというスタイルは、生活クラブ生協の事業運営の基本となっている。当初から、どこかの誰かがつくった制度ではなく、一人ひとりの市民が自分たちの制度として受けとめることを大事にしてきた。だからこそ、ぐらんを「市民による、市民のための基金」と自信をもって常に言えるのかもしれない。

こうして総代会で、緑の基金の具体的なシステムと助成活動について諮られた。このとき、名称が「草の根市民基金」と改められている。検討を重ねるなかで、「緑」という抽象的な名称では環境問題だけを対象とするように受け取られてしまうし、地域的な市民活動を援助するという性格を前面に打ち出すべきだという理由からの変更である。

そして、生活クラブ生協において共同購入をするなかから生まれてきた市民活動の展開をふまえて、多様な市民が行う自主的な社会づくりを活性化させるために、「市民活動を行なっている団体に助成を行う」ことを改めて目的に明記する。また、自分たちでお金を出し合い、豊かな市民社会をつくり出していこうという意思と、市民と市民団体とのFace to faceの関係性をもつ基金であるという特徴を明確にした。

市民活動に対する助成の仕組みは、もちろん他にもある。ただし、ぐらんは市民からの寄付を集め、公開選考して助成先を決めている。市民活動のひとつとして助成を社会に見える形で行うケースは、当時はもとより現在も他には見当たらない。

総代会での提案内容

提案の要旨は以下の四点であった。ここで紹介しておきたい。

(1)預金利用システム——「草の根市民積み立て」

基金の形成について、労働金庫と提携して定期預金利用の積み立て制度を創設する。

①積み立ての趣旨に賛同する組合員が、一定の金額を生活クラブ生協に拠出し、生活クラブ生協はこれを取りまとめ、労働金庫の定期預金で運用する。小口の資金を大口化することで定期預金利息が有利になる。具体的には以下のとおり。

(a)毎月一口一〇〇〇円、夏季・冬季の一時金(ボーナス)時に各一万円を積み立てる。
(b)口数は毎年の満期日に変更できる。
(c)預金満期時に総配分金(税引き預金利息)の五〇%を参加者個人に配分し、残りの五〇%を基金に繰り入れる。
(d)積み立て金額が二〇万円以上になった者は、二〇万円を超過する部分を取り崩すことができる。
(e)生活クラブ生協脱退時には解約となる。
②生活クラブ草の根市民基金積み立て規約を作成する。
③一九九四年四月をめどに積み立て募集に入る。
(2)任意団体設立に向けて「草の根市民基金」運営委員会を設置
緑の基金が決定されたときは財団法人化をめざすとしていた。しかし、その後の検討のなかで、財団法人は主務官庁の認可による縦割り化や設立要件の狭さなどから、市民活動には利用しにくいことがわかる。そこで、財団法人化はめざさず、中期的には任意団体を結成するほうが現実的と判断した。

そして、基金運営のために生活クラブ生協組合員に外部の学識者や専門家を加えた任意団体「草の根市民基金」を設立し、助成対象を審査・決定する運営委員会を設置する。運営委員の選任や規約の承認は、生活クラブ生協の理事会が行う。この基金は会計上独立させ、管理・運営は運営委員会が行う。

（3）公益信託に基金の一部を信託

公益信託の制度を活用すると、①事務経費が節約できる、②二〇〇〇万円程度で設立が可能、③運用益の税制優遇を受けられる、といったメリットがある。一方で、助成目的の限定が必要となるため、公益信託が認められた場合は（2）に述べた運営委員会とは別の運営委員会を設置する。

（4）資金運用についてグリーン・ポートフォリオを提案

資金運用については、定期預金など高利の金融商品の活用を基本としつつ、若干部分を株式運用する。

「グリーン・ポートフォリオ」とは、「環境を優先した投資の組み合わせ」という意味で、現在は多くの市民に受け入れられている。けれども、当時はほとんど知られていなかった。この提案者は九二年にアメリカを視察した際に知り、日本でも取り入れられないかと考えて盛り込んだという。

社会的責任投資運動、バルディーズ原則、マッチング・ギフト

一九九〇年代前半のアメリカでは、市民が企業の行動をチェックする「社会的責任投資運動」が活発になっていた。ほとんどの大企業が、以下の四点について株主になった市民から提案を受けていたという。

①企業の行動を社会的責任の立場から市民団体が評価する。
②社会的に優良で問題のない企業にのみ投資する。
③問題ある企業への投資をボイコットする。
④問題ある企業の株主総会で、行動を改善させる提案を行う。

この運動によって、南アフリカからアメリカ企業が撤退したケースもある。この動きの背景には、八九年にアラスカ沖でバルディーズ号というタンカーが座礁して大量の原油が流出し、環境に多大な悪影響を与えた事故がある。この事故を契機として、企業が環境問題への対応について守るべき一〇の倫理原則、すなわちバルディーズ原則（後にセリーズ原則と改称）が、ある市民団体によって定められた。その市民団体は、CERES（環境に責任をもつ経営のための連合、Coalition for Environmentally Responsible Economies＝セリーズ）という環境保全を推進する投資家グループ。次の一〇の原則を受け入れた企業に投資して、環境保全型の企業活動を支援した。

①生物圏（生物が存在する領域）の保護、②天然資源の持続的な利用、③廃棄物の削減と適切な

処理、④省エネルギー、⑤地域と労働者に与えるリスクの軽減、⑥安全な商品とサービス、⑦自然環境の復元、⑧情報公開、⑨環境保全担当重役の設置、⑩環境監査と環境報告を毎年行う。

バルディーズ原則は九〇年四月のアースデイに前後して日本に紹介され、それを広げようという趣旨で「バルディーズ研究会」が設立された。[1] 同研究会では、環境保全に配慮した企業一〇〜二〇社を選定し、それら企業への投資を誘導するグリーン・ポートフォリオを作成中だった。草の根市民基金はそれを参考にして、基金の一部をこの考え方で運用すれば、社会的責任投資運動を日本に根付かせていくうえできわめて意義深いと考えたのである。

運用の目的は、高金利の獲得ではなく、市民が企業活動をチェックし、コントロールするという運動的な意義であった。そこで、草の根市民基金総額の数％を限度として、環境保全に配慮している数社の最低売買単位の株の取得を提案に盛り込んだ。

このほか、ネットワーク型助成の方法としてマッチング・ギフトの導入も考えられていた。マッチング・ギフトはアメリカのフィランソロピー（慈善活動）の一手段で、企業が市民団体に助成する場合、社員が寄付している団体であれば上乗せして寄付するシステムである。これにヒントを得て、草の根市民基金が助成した団体に個人寄付を求める「逆マッチング・ギフト」という仕組みも考えられた。マッチング・ギフトと逆マッチング・ギフトの組み合わせも予定されていたという。

継続審議を経て一年後に可決

ところが、である。一九九三年五月の総代会では、この提案は可決されなかった。議案を提案した生活クラブ生協・東京の常勤理事によると、「このままでは否決される。否決だけは避けなければ」と考えて、継続審議で決着させたそうである。

いま改めて提案の背景を聞けば、「なるほど」と思う。だが、当時は株式投資を行うのは一部の人だけだった。しかも、日本には寄付文化があまり根付いていない。「本当にできるのか?」「組合員が預けたお金は大丈夫なのか?」といったリスクへの不安や、「投資」と「グリーン」が直接結びつくイメージがわかないという反発が強かったようだ。とりわけ、グリーン・ポートフォリオについては大きな問題になった。提案が一〇年早すぎたのかもしれない。

それでも、なんとか基金をスタートさせたいと考えて、再度の提案を行うために一年かけて各地域に出向き、学習会や説明会を開いて、組合員の納得を得ていった。そして、グリーン・ポートフォリオについては、すぐに実行せずに検討を深めていくというかたちで、九四年の総代会に再度提案。出席一〇七名中八二名の賛成で、ようやく可決されたのである。当初の仕組みを図1に示した。

現時点では、グリーン・ポートフォリオもマッチング・ギフトも実現はしていない。しかし、これらは投資家や企業も含めて日本社会に広がり始めている。ぐらんはいまこそ、これらの仕

図1　草の根市民基金の設立当初の仕組み

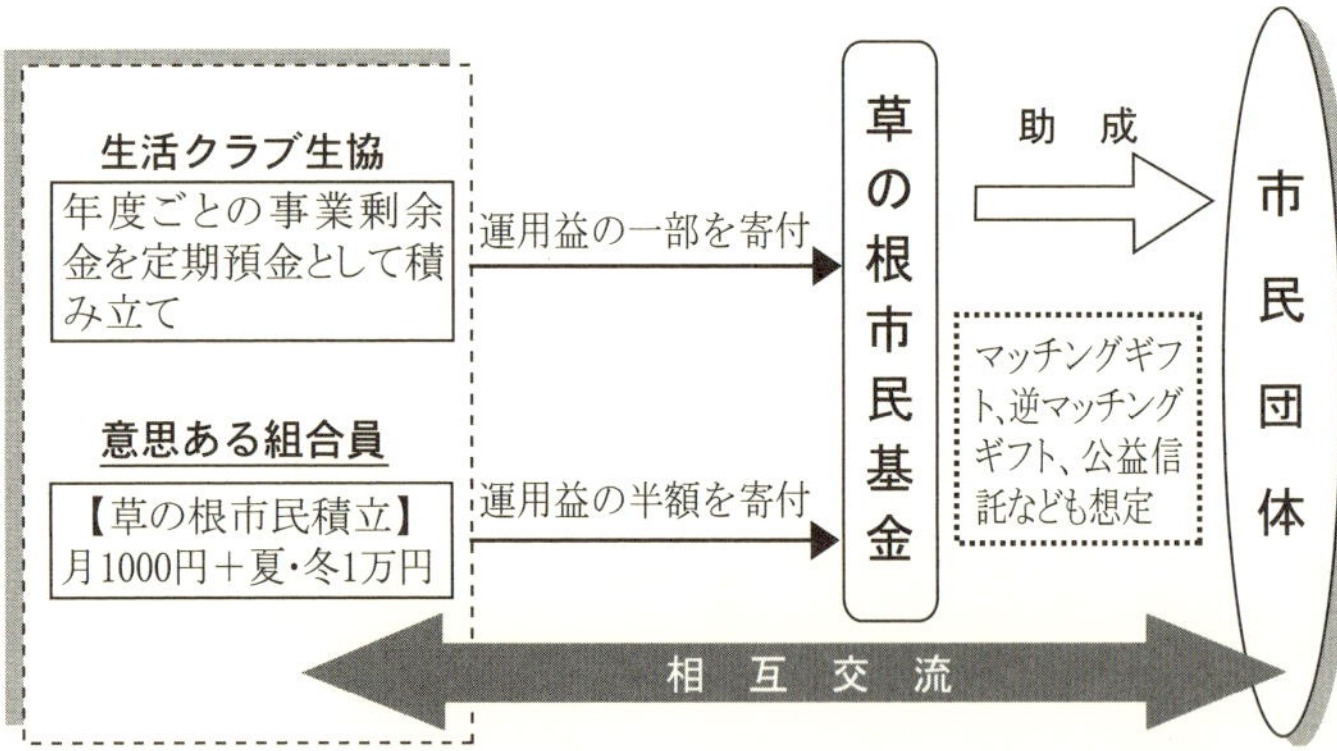

組みを検討してみる必要があるだろう。

3　船出直後にバブル崩壊の荒波を受ける

半年間で約一五〇〇万円が集まる

草の根市民基金はその後、パワー全開で準備を進めていく。まず、一九九四年九月に、学者・研究者など五名と生活クラブ生協からの六名、合計一一名で「草の根市民基金運営委員会」を発足させた。そして、運営規約や積立規定を作成し、東京労働金庫と提携して、同年一一月から組合員を対象に「草の根市民積立」の募集を開始する。

九四年度末(九五年三月)の積立額は、七八九件・一三三三口・一四七〇万五〇〇〇円となった。日常的に行なっている「消費材」(生活クラブ生協では商品を消費材と呼ぶ)の結集力もさることながら、たった五カ月でこれだけの人数が参加するパワーには驚かされる。私は当時まだ活動歴が浅い組合員だったが、非常にインパクトを受けた記憶がある。これまでふれた経験のない領域に踏み込むような、なんだかワクワクした感じが、いまでも余韻として残っている。

実は、草の根市民基金の提案には反対する組合員も多かった。それでも、新しい社会的な試みに対して興味をもち、賛同する組合員が、議論を積み重ねるにつれて増えていったのではないだろうか。それが積立額の数字に表れている気がする。

なお、八九年度から生活クラブ生協の事業剰余金の一部を積み立ててきた緑の基金の一億三〇〇〇万円は、草の根市民基金にそのままスライドさせた。さらに、生活クラブ生協として九四年度の剰余金のうち七〇〇〇万円を積み増した。その後も、九六年度末に五〇〇〇万円、九七年度末に一〇〇〇万円、九八年度末に五〇〇〇万円と、総額一億五七〇〇〇万円まで積み立てていく。

こうして、組合員による草の根市民積立からの運用益の半額と、生活クラブ生協の積み立てからの運用益の一部を草の根市民基金に寄付して助成財源にする仕組みが確立され、東京都内の団体とアジアで活動するＮＧＯへ上限五〇万円の助成を行う活動が始まった。

バブル経済崩壊の余波

一九八九年に助成の仕組みを検討してから、実際に制度が動き出すまでに、六年が経過した。

そして、ようやく軌道に乗ると安堵したのも束の間、九五年にはバブル崩壊の影響が広がり、助成を始めてわずか数年で、草の根の財源のもととなる定期預金の利率が大幅に低下してしまう。どのくらいの見込み違いだったのかについては、**表2**と**表3**を見ていただこう。

表2は、組合員による積立額(残高)と、生活クラブ生協の事業剰余からの積立額(残高)の推移を表したものである。二〇〇二年度末には、組合員からの積立額は二億七〇〇〇万を超えた。当初設計では定期預金の利率を三%程度と試算していたので、約八〇〇万円の収入が期待できるはずであった。ところが、**表3**を見ると、運用益からの寄付は五万七一六六円にしかなっていない。大きな誤算が生じたのである。

それでも、緑の基金時代からの積立運用益が一〇〇〇万円強あったので、当面の助成金や運営費用の原資は何とか確保できた。しかし、それも二〇〇〇年には食いつぶしてしまう。

こうして、積み立てた基金の運用益だけでは助成金の原資確保が厳しくなる。それまでにも、助成金の総額を下げたり、東京労働金庫の社会貢献基金から九六年と九八年の二回、合計一五〇万円の寄付を受けるなどの対策を打ってきた。だが、そのような一時しのぎではない資金の確保が必要になる。

そのため、生活クラブ生協で任意で積み立てをしてきた草の根市民基金の元金を取り崩せるように二〇〇〇年に規約を改定し、助成の原資確保に備えざるを得なくなった。〇一年以降は、

表2　草の根市民基金の積立残高の推移(1994年度〜2003年度)

年度	期末の積立人数	口数	組合員の積立残高	生活クラブの積立残高
94年度	789人	1,333	1470万5000円	1億3000万円
95年度	919人	1,481	5622万円	1億3700万円
96年度	1,570人	3,292	7711万円	1億3700万円
97年度	1,675人	3,745	1億1120万円	1億4200万円
98年度	1,657人	3,804	1億4300万円	1億5200万円
99年度	1,670人	3,948	1億6895万5271円	1億5700万円
00年度	1,731人	4,345	1億9685万7735円	1億5700万円
01年度	1,836人	4,679	2億3313万7281円	1億5700万円
02年度	1,805人	4,779	2億7502万3017円	1億5700万円
03年度	1,728人	4,527	3億942万3481円	1億5700万円

表3　運用益の推移と財源状況(1994年度〜2003年度)

年度	草の根市民積立の運用益からの寄付額	生活クラブ生協の積み立ての運用益からの寄付額	OCR寄付、その他
1994		(10,554,658円)	
1995	21万8884円	500万円(8,166,929)	
1996	17万1300円	300万円(5,967,630)	
1997	17万96円	100万円(5,541,847)	
1998	24万円	300万円(3,200,753)	
1999	17万6070円	150万円(2,219,067)	
2000	12万9340円	160万円	
2001	16万548円	200万円	209万5500円
2002	5万7166円	100万円	217万1500円
2003	6万7182円	100万円	164万円

(注1)(　)内は各年度末の生活クラブの積立運用益残高。
(注2)2000年に規約を改定し、直接寄付へ移行。

基金の運用益からではなく、生活クラブ生協と組合員から直接寄付を受けるシステムもつくる。それが表3のOCR寄付である（OCRとは消費材の注文用紙）。積み立てに参加していない組合員も気軽に寄付ができるような、対応をとったわけである。

これらの対策によって、草の根市民基金の元金は取り崩さずにすんだ。しかし、生活クラブ生協の本体事業から直接寄付を行うのは、「市民が市民活動を支える」という趣旨からはずれる。また、運用益に期待できない状況は長く続くであろう。したがって、早急に持続可能な仕組みへの抜本的な改革が求められていた。

一方で、社会的には一九九八年に特定非営利活動促進法（以下「NPO法」）が施行され、市民活動と市民事業が多様化していく。助成を必要とする団体の性質や、それに伴った資金需要の変化も、起こり始める。それまでは圧倒的に福祉分野の助成申請が多かったが、この時期から環境や子育てなど、さまざまな活動分野からの応募が増えてきた。

資金面が厳しい状況のもとでは、助成対象をしぼるか、分野を問わずに助成を行うかを選択しなければならない。とはいえ、市民活動を支援するというミッションから考えると、対象分野をしぼるという選択はあり得なかった。同時に、NPO法のもとで市民活動が市民事業として社会的に認知され、しかも必要性が高まっていく。そのとき、生活クラブ生協内部だけを対象にした基金でいいのだろうか。

草の根市民基金は、経済的な理由と社会変化への対応という両面から、大きな変革が迫られていた。

生活クラブ生協の基金から、市民みんなの基金へ

生活クラブ生協は、地域に暮らす人びとがかかえる生活課題を市民自ら解決し、生活を自治するための多様な機能を生み出してきた。おもに専業主婦だった女性たちが参加して始めた「もうひとつの新しい働き方」であるワーカーズ・コレクティブ、福祉の分野を担う「たすけあいワーカーズ」、政治的な課題を自治体の議会活動をとおして解決していく「生活者ネットワーク」などである。

そうしたなかで、お互いに助け合うことのできるネットワーク型の地域社会の形成が必要であり、そのためには団体同士がいかに協力関係を築き、これまで以上にお互いの強みを発揮していけるかが重要であると考えた。そこで、私たちが生活クラブ運動グループと呼んでいる生活クラブ生協、東京ワーカーズ・コレクティブ協同組合、NPO法人アビリティクラブたすけあい、東京・生活者ネットワークがひとつのテーブルについて協議していく場が設定され、「二一世紀型地域機能づくり構想」が二〇〇一年に策定された。

この構想は、「市民による新しい公共システムづくり」と「多様で新たなコミュニティの創出」

という二つのキーワードを掲げて、その実体をつくっていこうというものだ。ポイントは、金融、教育、情報の各仕組みづくりと、コミュニティビジネスの形成と発展であると考えた。そして、その実現のために人・モノ・金を持ち寄り、それぞれの団体・組織の強みや経験を活かしながら、構想の実現をめざしていく。こうして〇二年に生まれたのが、「環境まちづくりNPOエコメッセ」「NPO法人コミュニティスクール・まちデザイン」である。

続いて、コミュニティファンドの機能創出に向けて進み出す。この構想は草の根市民基金の延長線上としても考えられており、市民事業を担う人材育成、教育、情報、さらに起業までを支援するために、助成だけではなく融資も可能な金融機能をつくっていこうとした。その結果、〇三年九月に中間支援機能[2]をもつ「NPO法人コミュニティファンド・まち未来(以下「まち未来」)」と、融資機能をもつ「東京コミュニティパワーバンク(以下「東京CPB」)」を同時に設立。コミュニティファンド構想を実現するための両輪として事業が始まった。

まち未来の設立によって、生活クラブ生協のなかに位置づけられていた草の根市民基金は、〇四年度からまち未来の一部門となる。市民活動や市民事業を担う団体の弱点は、財政基盤の脆弱さと、その結果として活動の継続がむずかしくなることだ。それを解決するためにも、草の根市民基金による市民活動や市民事業の担い手の背中を後押しする「始めの一歩」への助成と、東京CPBによる市民事業への低金利の融資によって、活動や事業に使いやすい新たな資金調達の仕組みの創設が有益だと考えたのである。

しかし、寄付を呼びかける対象が生活クラブ生協の組合員だけでは、資金調達の方法が限定される。そこで、誰でも参加できるＮＰＯ法人主体の基金として、より多くの個人や団体からの賛同（寄付）を集め、草の根市民基金の発展を図っていこうとも考えた。

課題はありながらも安定していた生活クラブ生協から、まち未来への移行は、さまざまな事情を考慮したうえでの、非常に大きな決断だった。こうして、助成を行うために必要な利息（運用益）を生まなくなっていた草の根市民積立を思い切って解消し、直接寄付によって運営される仕組みへと大きく舵を切る。その結果、〇三年度末に一七二八人の組合員が積み立ててきた三億九四二万三四八一円が、すべて返還された。「これまで支えてくれてありがとう！」という感謝の気持ちと、「これから始まる新たな仕組みも支えてね！」という思いをこめて……。

4　まち未来のもとで再出発

財源確保の仕組みや助成方法の一部などを変更

まち未来のもとに位置づけられた草の根市民基金は、考え方や精神、市民に開かれた選考方法を引き継ぐ一方で、財源確保の仕組み、運営委員会や選考委員会の構成メンバー、アジア草の根助成の助成方法は変更した。

まず、新たな財源確保の仕組みは三つに分かれる。①生活クラブ生協組合員による登録制の寄付、②年一回のＯＣＲ寄付、③一般からの寄付である。①は、希望口数(一口一〇〇円)を登録すると、消費材の共同購入代金とともに毎月、口座から引き落とされる仕組みだ。仮に一口登録すれば、年間で一二〇〇円を寄付するわけである。②は、共同購入の注文用紙の一項目に「草の根カンパ」という欄を年に一回設け、そこに記載すると五〇〇円が寄付される。③は、これまであまり呼び掛けていなかった、ＮＰＯやＮＧＯに関心のある組合員以外の方々に対する寄付と参加のお願いだ。

次に、運営委員会と選考委員会については、有識者と生活クラブ生協組合員に加えて、二一世紀型地域機能づくり構想を担ってきた生活クラブ運動グループの各団体から選出されたメンバーで構成した。

そして、アジア草の根助成については、単年度の助成から、一団体五〇万円を限度に同額の二年間連続助成に変更した。その理由は二つある。ひとつは、それまでの経験から、海外での活動については複数年の助成のほうが活動の見通しがたてやすく、効果的であるとわかったことだ。もうひとつは、助成する側がＮＰＯの活動を継続してモニターできることだ。アジアの国を知り、互いに学び合う機会を積み重ねていくなかで、アジアの一員として共に生きるための課題をより探っていきたいと考えた。

当初は財源の確保に苦労

再出発に向けた最初の大仕事は、直接寄付による財源の確保である。まち未来に位置づけが移行した際の繰越金は、わずか一五〇万円（二〇〇三年度からの繰越金）程度にすぎない。

そこで、草の根市民基金へ積み立てしてきた一七二八人へ積立金を返還する際に、その積立金から改めて草の根市民基金への寄付をお願いした。その一方で、東京ＣＰＢへの出資（融資を行う原資）も働きかけた。私たちのお金が目に見える形で地域に循環する仕組みをつくろうと、運営委員と協力者が電話などをとおして協力を呼びかけたのである。

しかし、草の根市民基金への寄付と東京ＣＰＢへの出資を同時にお願いしたわけだから、組合員は混乱する。あれもこれもと呼びかける側も、相当に大変な思いをした。それでも、きちんと話を聞いて趣旨に賛同する組合員はたくさんいたし、目的を達成するために呼びかけを緩めない運営委員や協力する組合員の姿に感動したものだ。

その結果、東京ＣＰＢには三八五人から三二七五万円の出資金を、草の根市民基金へは五六六人から七一一万円の寄付金を集めることができた。だが、草の根市民基金への寄付金の目標は一五〇〇万円だったので、半分弱である。基本的に戻ってくる出資金と、戻ってこない寄付金では、出資金が優先されるのかもしれない。

あわせて、①の登録制の寄付を募集していく。〇四年度当初の登録人数は一八五人だったから、その二倍強の人数で毎月五万九〇〇〇円、年間七〇万八〇〇〇円の収入見込みでスタート。年度末には累計で約一〇〇万円に達した。けれども、安定した収入として期待していたほどの金額には届かなかった。

厳しい結果となったのは②のOCR寄付である。対象となる組合員はこの時点で約五万人だったから、一五〇万円程度を期待していたが、結果として六七万五〇〇〇円にとどまった。③の組合員以外への寄付の呼びかけは、この時点ではまだ余力がなく、取り組めていない。

こうした寄付を集めて、〇四年度も三〇〇万円の助成を行なった。ただし、年間の総収入は、繰越金、一度だけの収入である返還した積立金からの寄付、登録制の寄付、OCR寄付を合わせて一〇〇〇万円強である。広報や選考会などの諸経費を入れた支出が約四一〇万円で、次年度への繰越金は約六二〇万円だった。

仮に登録制とOCRの寄付収入が次年度も同様だった場合、繰越金のうち約二五〇万円を使ってしまう計算となる。それは、新しく位置づけられた草の根市民基金が三年後の〇七年にはパンクすることを意味している。

ことほどさように、新たな船出は順風満帆ではなかった。もっとも、だからこそ多くの人たちがアイデアを持ち寄り、今日につながってきたのではないだろうか。

再度の呼びかけで登録制の寄付が拡大

ともあれ、草の根市民基金は生活クラブ生協の外の世界に一歩踏み出した。もちろん、すぐに一般の市民から寄付は集まらない。財源の基礎は組合員に支えてもらわなければならない。そのうえで、組合員以外の個人寄付をいかに募るのかが運営委員会の課題となる。

そこで、安定的な財源の確保のために、まず生活クラブ生協の組合員による登録制の寄付の拡大から始めていく。これまで草の根市民積立をして支えてくれていた方々に対して、再度の登録を二〇〇五年一〇月から呼びかけた。草の根市民基金の運営委員や選考委員としてかかわってきた多くの方々に、登録制の寄付をお願いする電話かけにご協力いただいた。

その結果、〇四年度末時点では三七四人・八二一口だったが、〇七年度末には一三一八人・二八六二口(〇八年度は三四三万四四〇〇円の寄付収入を予定)にまで拡大し、金額も**表4**のようになっていった。収入構造の早期安定化の見込みは想像以上に早くつき、〇七年にパンクするかもしれないという恐れは解消できたのである。

多くの人たちに呼びかけるなかで、草の根市民基金が一〇年以上にわたって助成を続け、寄付をする側とされる側との交流を深めてきた活動と実績が、着実に地域に根付き、信頼されて

表4　新たなぐらんへの寄付と繰越金の推移(2004年度〜07年度)

年度	登録制寄付	OCR 寄付	その他寄付	寄付金合計	次期繰越金
2003					154万6200円
2004	98万8673円	67万5000円	713万4621円	879万8294円	623万698円
2005	125万5700円	172万6000円	7万5153円	305万6853円	488万9555円
2006	247万3200円	93万5500円	11万4049円	352万2749円	476万7649円
2007	274万1400円	90万2000円	4万9416円	369万2816円	468万8820円

(注1) 2004年度のその他寄付のうち711万5623円は、返却した基金からの寄付である。

(注2) 2007年度の登録制寄付は1カ月分の入金が年度をまたがったため、実質的な年間収入は302万7600円、次期繰越金は497万5020円である。

いることに気づかされた。

「市民活動を応援したいという気持ちは充分にあるのですが、年齢とともに身体が弱ってきているので、草の根市民基金への寄付というかたちで応援していきたいと思います」

「地域の仲間が草の根市民基金から助成されて、いきいきと活動をしているので、ぜひ参加したい」

電話でのお願いにもかかわらず、多くの方々がとても好意的な対応をしてくださったのである。その前提には、生活クラブ生協の四〇年間にわたる協同組合としての地域活動という、さらに大きな信頼があることも感じられた。地域コミュニティにおけるこうした信頼関係が他の助成団体にはないオリジナリティであり、草の根市民基金の強みになっている。一連の活動をとおして、その事実を改めて確認できた。

進化し続けるぐらん

ただし、一般の個人寄付を募る場合は、メンバーを超えた広がりをもつための別の仕掛けが必要である。そこをどう工夫していくのかが、運営委員会の次なる課題だった。

生活クラブ生協の組合員を対象とした寄付の呼びかけであれば、以前に広報物で見たり仲間から聞いたりしているケースが多いので、たいていは前提を省略してもわかってもらえた。けれども、外部の人びとにアピールするためには、活動の実績を目に見える形にし、初めての人にもすぐに活動が理解できるようにしていかなければならない。

そこで、誰にでも親しみやすく愛されるものにするための愛称とロゴを公募し、決定した。

図2　ロゴマーク

愛称は「ぐらん」として、二〇〇五年度から名称を現在の「草の根市民基金・ぐらん」と改めたのである。ぐらんは、願いをかなえるとか助成を意味する「Grant（英語）」と、大きいという意味をもつ「Grand（フランス語）」をかけている。小さな規模の助成金だが、存在と意味は大きいことを表したものである。同時に、草の根の活動を育てるという意図をこめて、ジョウロを図案化したロゴマークを決めた（図2）。

次に取り組んだのは、まち未来のホームページから独立した、さまざまな情報を載せた独自のホームページである。これまでの活動内容を整理し、ミッションを明確にして、一般の理解者を得るためのホームページの作成は大きな課題だったが、多額の資金を投入することはむずかしい。頭を悩ましていたとき、広報などの専門的な技能をNPOに提供する「サービスグラントTOKYO（SVGT）」という団体と出会う。

SVGTは、デザイナー、マーケッター、コピーライターなどのプロフェッショナルな技能をもち、NPOなどの社会的活動に対して関心のある人たちが登録して少人数のチームを組み、一カ月にそれぞれが五時間の時間を寄付するという仕組みである。その時間で、広報物やホームページの作成を無料で行う。ぐらんのホームページ作成プロジェクトに参加したメンバーは、若い男女六人。約半年間話し合いを重ねた後、一年間をかけて〇六年度末に充実した新しいホームページが完成した。

これを機に、オンライン寄付サイト「ガンバNPO（現Give One）」の協力で、インターネット上から簡単に寄付ができる仕組みも導入する。これは、生活クラブ生協組合員からの寄付に多くを頼っていた財源を一般へ広げる第一歩となった。寄付の内容は、会員登録して継続した寄付ができる「花開かせ葉《よう》コース」と、いつでも誰でも好きなだけ単発で寄付ができる「頑張るん種《だね》コース」の二種類だ（図3）。

その後、〇七年度には新しいパンフレットを作成し、オリジナルクッキーも開発した。同年

図3　現在のぐらんの仕組み

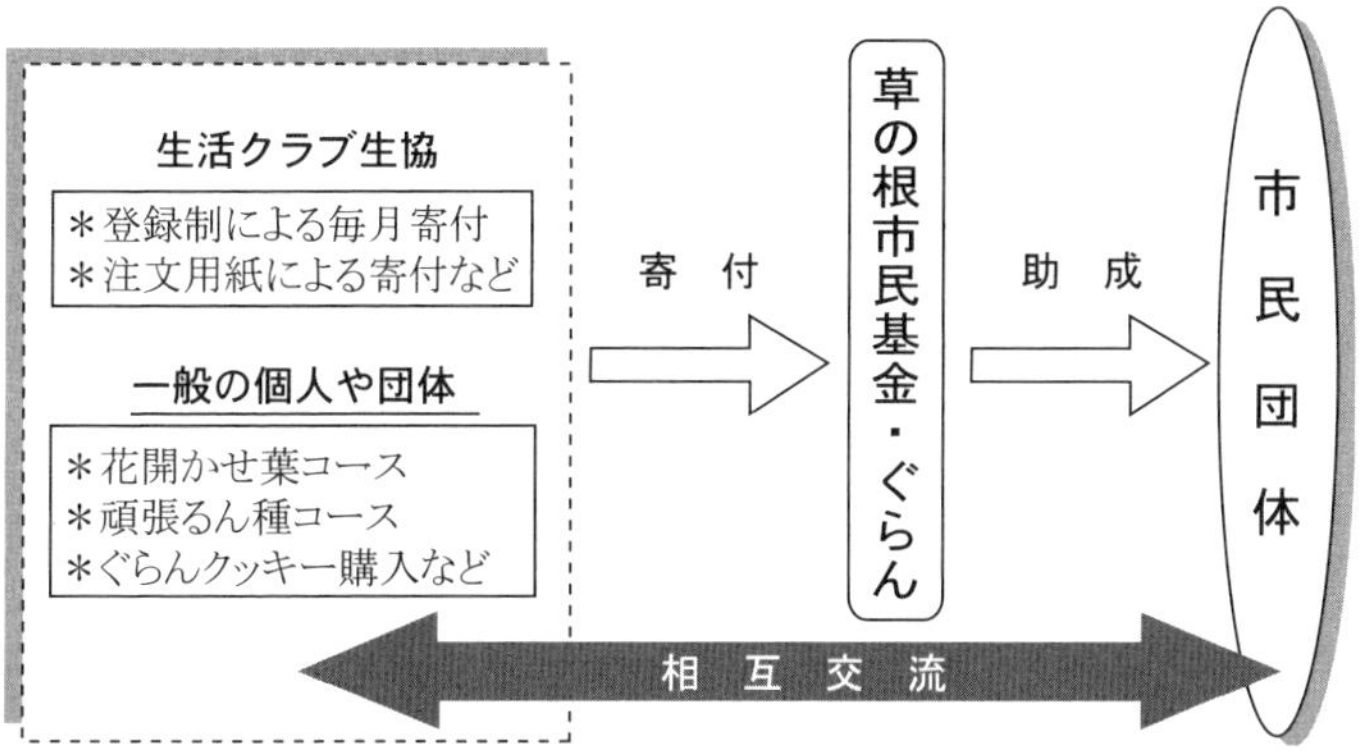

秋には、まち未来が「NPO法人東京ランポ[3]」と合併し、中間支援機能とシンクタンク機能を兼ね備えた新しい団体「NPO法人ローカルアクション―シンクポッツ・まち未来（NPOまちぽっと）」に生まれ変わる。ぐらんもまちぽっとのもとに位置づけられ、その運営委員会のもとで活動を行なっている。

今後の課題は、一般からの寄付を生活クラブ生協組合員からの寄付と同じくらいとし、ぐらんの最大のオリジナリティである透明性と民主性を維持しながら、さまざまなセクター間で相互交流が活発に行われる仕組みをつくっていくことである。

5　ぐらんの運営と助成の仕組み

運営にかかわるすべてに責任をもつ運営委員会

ぐらんの運営を担う運営委員会は当初から、組織内にある「任意団体」として位置づけられてきた。その後、位置づけられる組織が変更されても、市民の寄付からなる独自の資金をもつという独立性と、メンバーシップを超えて社会に開かれた存在であり続けるという性格は、変わっていない。

ぐらんが長年にわたって独立性を保ってきた大きな理由に、この運営委員会の存在があげられる。運営委員会は、方針の決定、財源の確保、助成先の選考など運営にかかわるすべてに責任をもち、まちぽっとと生活クラブ生協の職員各一名からなる事務局とともに、運営を担う。

構成メンバーは二〇〇四年度以降、生活クラブ生協関係者、生活クラブ運動グループ関係者、外部有識者によって構成されている。任期は一年で、改選は妨げない。現在のメンバーは、生活クラブ生協関係者五名（生活クラブ生協・東京、23区南生活クラブ生協、北東京生活クラブ生協、多摩きた生活クラブ生協、多摩南生活クラブ生協）、生活クラブ運動グループ関係者四名（東京ワーカーズ・コレクティブ協同組合、ＮＰＯ法人アビリティクラブたすけあい、東京・生活者ネットワーク、まちぽっと）、そして有識者三名の、計一二名である。

基本的にこの構成は固定としつつ、メンバーは入れ替わって運営してきた。当初から、同じ委員が長くかかわりすぎないことをモットーにし、有識者の場合は前任者が後任を推薦して引き継ぐ形をとっている。歴代の運営委員は、四五人以上にはなるだろう。

三つのカテゴリー別に選出された運営委員には、それぞれの役割が期待されている。

①生活クラブ生協関係者
寄付者としての視点を運営と助成の選定に活かし、その後の交流を行う。
②生活クラブ運動グループ関係者
日常的に事業や活動をしている視点を助成選考に活かし、その知識を運営に活用する。
③有識者
財団における助成審査の経験者、アジアのNGOやまちづくりの専門家など、さまざまな分野から選ばれ、幅広い視点や専門知識を発揮する。

活動内容は、運営規約および毎年度ごとの方針に基づいた年四回の運営委員会が基本になる。そのほか、寄付募集をテーマにしたチーム活動、助成申請団体の書類選考、公開選考会、交流会、ニュースレターの発行などを事務局とともに行う。

ただし、ぐらんの活動が充実すればするほど活動量は増えていくので、複数の職務を兼任している運営委員は物理的な限界に直面してしまう。事務局員もぐらん専従ではないため、運営委員会で決めた事項すべてをカバーするのがむずかしい。そこで、ぐらんの趣旨に賛同し、活動をサポートする人を募り、人手が必要な場面で活躍してもらう「ぐらんサポーター制度」を進めている。これが確立されれば、活動の幅と主体が広がるだろう。

寄付者と助成先が交流する草の根交流集会

ぐらんが当初からめざしていたのは、資金に困っている団体への助成にとどまらず、寄付者と助成先の交流によって、市民社会を共につくり上げていくことである。そのために、一〇〇人程度の規模の草の根交流集会を一九九七年度から実施してきた。二〇〇八年度の参加団体は表5のとおりである。

交流会は二部構成で行われる。第一部は前々年に助成した団体の前年度の活動報告、第二部は前々年度と前年度の助成団体のほか、生活クラブ運動グループや関連団体がブースを出して活動をアピールするとともに、寄付者やこれらの活動に関心のある市民、団体同士が交流を自由に行う(当該年度の団体が入っていない理由は、翌年二月に助成団体を決定するため)。

毎年、高齢者、子ども、障がい者、人権、まちづくり、アジアなど縦割りになりがちな異分野間での交流が生まれている。そのなかから、子どもへの暴力を予防する活動をしている「PEACE暴力防止トレーニングセンター」と、シングルマザーが子どもと共に生きやすい社会を求めて活動する「NPO法人しんぐるまざあず・ふぉーらむ」が合同の取り組みを始めるなど、新しい展開が始まった。また、〇八年度の交流会ではビルマ(ミャンマー)の台風の被害状況と支援についてアピールする時間をもつなど、アジアで活動する団体と海外での災害時に募金を行う団体との連携活動も行われている。

交流会に参加した方々からは、以下のような声が寄せられている。

「いろいろな市民活動をしている方の想いが伝わってきました。テレビや新聞では伝えられない大切な活動や運動を知る、よい機会になりました。もっともっと、ぐらんの輪が広がっていって、みんなが住みよい街になることを願っています」

「ふだん暗いニュースが多いなか、とっても心強い活動がたくさんある！と励まされました」

「一つひとつの団体どれをとっても、この社会に必要で得がたい活動を行なっていると感心した。いろいろな活動をサポートする、ぐらんの存在の意義を感じた」

「寄付をしたお金がこのように展開している、ということについてもっと多くの人が知れば、賛同者は増えていくと思います。理論も大事だけれど、実際の活動を知ることが第一歩だと思っています」

参加者の多くは、ＮＰＯやＮＧＯの活動について直接聞き、交流することで、新鮮な驚きを感じるようだ。今後もこうした交流会を続け、より多くの市民に参加していただけることを願っている。

このほか、生活クラブ生協の組合員活動として地域ごとに交流会がもたれている。助成した団体を招いた学習会や訪問する見学会など、お互いをより深く理解しあう企画もある。

	団　体　名	活動内容(助成団体は助成の対象となった事業)	備　考
12	NPO 法人アジア日本相互交流センター(ICAN)	紛争によって被害を受けたミンダナオ島の子どもの平和構築事業	07 年度アジア草の根助成
13	生活クラブ生活協同組合	都内約 7 万人の組合員でつくる生活協同組合	生活クラブ運動グループ
14	NPO 法人アビリティクラブたすけあい	住み慣れた地域で安心して暮らせるまちづくりをめざして、福祉サポートなどを行う	生活クラブ運動グループ
15	東京ワーカーズ・コレクティブ協同組合	雇われない働き方で、まちに必要な機能を事業にするワーカーズ・コレクティブの推進	生活クラブ運動グループ
16	環境まちづくり NPO エコメッセ	環境に負荷をかけない循環型社会のまちづくりをめざして、リユースショップを運営	生活クラブ運動グループ
17	東京コミュニティパワーバンク(東京 CPB)	NPO などの社会的事業へ市民のお金を融資する非営利の金融機関	生活クラブ運動グループ
18	東京・生活者ネットワーク	安心・共生・自治のまちをつくることを目的として活動しているローカルパーティー	生活クラブ運動グループ
19	CELC (クリーンエネルギーライフクラブ)	太陽光発電の設置をとおしてクリーンな自然エネルギーの普及を行う	その他
20	シャンティ国際ボランティア会	アジアの子どもたちへの教育・文化活動を行う。ビルマ(ミャンマー)への緊急支援も行う	その他
21	NPO 法人 JFSA(日本ファイバーリサイクル連帯協議会)	家庭で不要になった衣類や毛布の寄付を受けて、パキスタンへの支援を行う	その他

表5　2008年度草の根交流集会の参加団体一覧

	団　体　名	活動内容(助成団体は助成の対象となった事業)	備　考
1	なな山緑地の会	里山と農地を子どもたちの総合学習の場とするための諸活動	06年度都内草の根助成
2	CCS世界の子どもと手をつなぐ学生の会	学生による在住外国人の子どもに対する6カ所の学習教室と、エンパワーメントのためのイベント	06年度都内草の根助成
3	せたがやごみをへらす会	環境変化を知る基礎データとしての重金属およびダイオキシン調査活動	06年度都内草の根助成
4	江東まちづくり研究舎	共生型小規模多機能施設「みんなの家」の立ち上げ	06年度都内草の根助成
5	人の泉・オープンスペース“Be!”	引きこもりなどの青年をサポートする人材を増やすための育成講座	06年度都内草の根助成
6	NGO TECHJAPAN	スマトラ沖地震によって生活手段を失ったスリランカ北部の女性の自立と子どもへの栄養·保育支援	06年度アジア草の根助成
7	在日無年金問題関東ネットワーク	過去の国籍要件を理由に無年金のままでいる当事者への支援活動	07年度都内草の根助成
8	どぜうの会	環境汚染の目安である地下水の調査などによる環境保全活動	07年度都内草の根助成
9	NPO法人POSSE	若者の劣悪な就労状況を改善するための「Low! Do！ 法律を守らせよう、法律を活用しよう」キャンペーン	07年度都内草の根助成
10	日本語を母語としない中学生のための日本語教室	日本語が身についていない外国籍中学生への日本語支援	07年度都内草の根助成
11	NPO法人ViViD	「見えない障害」と呼ばれる高次脳機能障害者の支援とその仕組みづくり	07年度都内草の根助成

選考の方法

一年目の一九九五年度は、都内で活動する団体への助成のほかに、随時受け付けを行う緊急助成として五〇万円の枠があり、事業の開業資金として二団体に助成した。しかし、随時受け付けは事務作業が非常に煩雑である。そこで、九六年度からは開設費用や人件費についても通常の都内助成の対象とし、現在のような都内草の根助成とアジア草の根助成の二つのプログラムに落ち着いた。当時は市民活動や市民事業へ助成する財団は少なかったし、まして人件費に助成する団体はほとんどない。したがって、基本的には何に使ってもよい、事務管理で団体を締め付けない、という方針は画期的だった。

選考にあたっては、まず運営委員会で書類審査を行い、寄付者や一般の方が参加できる公開選考会というアピールの場に出場する団体を選考する。できれば応募団体すべての話を聞きたいが、選考を公開で行う以上、最大でも一〇程度に団体をしぼらなければならないからである。ちなみに、第一回助成では二二の応募団体すべてが公開選考会に臨んだが、当日の時間配分などに課題が残った。そのため、書類審査を取り入れたのである。

アジア草の根助成については、当初は現地の団体に直接助成し、公開選考は行なっていない。アジアの草の根活動に詳しい運営委員が現地に行った折に適正な団体を選び、草の根市民基金とつなぐという方法をとっていた。直接活動の現場とつながったほうが助成や交流の意味が伝わりやすいし、現地できちんとお金が使われていることが重要と考えていたからだ。助成金は直接、現地の団体に送金していた。

しかし、この方法は一人の運営委員に頼る要素が大きいし、効率性にも課題がある。試行錯誤の末に、アジアで活動する日本のNGOに助成し、間接的にアジアの団体に寄付するという現在のようなスタイルに落ち着く。同時に、書類選考を経て公開選考会での決定にした。

公開選考会では、書類選考を通過した団体が決められた時間内でプレゼンテーションする。続いて、同じ会場で運営委員と選考委員による意見交換を行い、団体への質問をまとめる。各団体はそれを受けて再プレゼンテーションに臨む。

選考委員は九六年度から導入された。毎年数人の寄付者が選考に参加できるこの枠の設置によって、幅広い層の市民がぐらんへ参加し、公開性をさらに高めることが目的である。毎年、公募している。

プレゼンテーション後の選考は、以下の三つのポイントを加算していく。

①運営委員・選考委員による投票

アジア草の根助成では一人一団体に二点、都内草の根助成では一人あたりの持ち点一〇点を一団体最高五点を上限に投票する。

②ポイントアクション

ぐらんへの寄付者は誰でも、書類選考を通過した団体から自分の応援したい団体（アジア一団体・都内三団体）を選び、公開選考会の前に投票できる。アジア草の根助成では最多ポイントを得た団体に二点、都内草の根助成では上位五団体に各五点〜一点を加算する。

③参加者による投票

公開選考会の参加者全員が投票できる。アジア草の根助成では最多ポイントを得た団体に一点、都内草の根助成では上位二団体に三点・一点がそれぞれ加算される（団体票によって公正さが失われないように、比重を下げている）。

この①〜③の合計点を加算して助成団体を決定する。アジア草の根助成は、獲得点数のもっとも多い団体を一つ決定する。都内草の根助成は複数の団体を決定するので、獲得点数の多い団体を基本に、運営委員が話し合って助成金額の配分を決める。その議論も参加者の前で行われる。また、誰がどこに何点入れたかもすべて公開される。

公開選考会は、プレゼンテーションをする団体にとっても選考する側にとっても緊張の一日となる。幸い、参加した多くの団体がぐらんの公開の仕組みや公正性について評価し、助成の可否にかかわらず、いろいろな団体や活動にふれて自らの活動を見つめ直すよい機会になったという感想を残していく。そうした声を聞くと、この活動を続けてきてよかったと心から思う。

心に残ったシーン

公開選考会や交流会で思い出に残ったシーンについて、三人の運営委員経験者へ聞いてみた。

①高田幸詩朗（ＮＰＯ法人ＪＡＦＳＡ（国際教育交流協議会）事務局長）

「二〇〇三年度に、顔にアザや傷があるなどの見た目の違いにかかわらず、楽しく生きるためのサポートを行なっている「ユニークフェイス」が、ダントツにトップの点数を獲得したことです。同じ年の「ＡＬＳ／ＭＮＤサポートセンターさくら会」も、とても強い印象が残っています。そして、草の根の団体に日を当てれば、活動の輪が広がることが実感できました」

さくら会は難病患者の在宅支援を行う中野区の団体で、行政の支援が届かないなかで、数人の当事者家族がお互いに支え合って活動していた。私たちの助成が多少のきっかけになったのか、両団体とも活動の輪が広がり、全国規模の団体になっていく。

②麻生純二（生活クラブ生協連合会常務理事）

「一九九八年に助成した「点訳・音声訳集団・一歩の会」が印象に強く残っています。三度目の応募でようやく助成金を獲得しました。助成後もずっと報告を続けてくれ、うれしかったです」

③和田安希代（元生活クラブ生協・東京理事長）

「〇四年度の「日本トラウマ・サバイバーズ・ユニオン」です。虐待や人権侵害などによって心の傷を受けた当事者同士で支える活動は、当人たちがカミングアウトしなければわかりません。個人を支える活動を地道に行なっている団体に、積極的に目を向けなければいけないと思いました。また、交流会で、「当事者にしかわからないけれど、それに沿おうとする周囲の人の存在によって勇気づけられる」とおっしゃっていたことが印象的です。同様の感想を別の団体からも聞き、ぐらんの活動は小さくても意味があると感じました」

人の心を動かし、火をともす

これまで述べてきたように、ぐらんには最初から完成された形があったわけではない。いろいろやってみて失敗したり、大きな問題が起こって仕組みを変更したり、そのつどメンバーの間で議論を重ねながら、現在の形に進化してきた。

ぐらんが今後も市民のための市民による基金であり続けるためには、議論をしていきながら、もっともよいあり方を常に模索していくことが必要だろう。そのために、幅広い世代に支持されながら、とくに若い世代を巻き込む活動をしていきたい。

そして、歴代の運営委員が語ったように、人の心を動かし、火をともす、ぐらんであり続けたい。

（1）一九七〇年にアメリカのゲイロード・ネルソン上院議員が環境問題についての討論集会を開催したことから始まった。地球環境について考える日として四月二二日をアースデイ（地球の日）と定め、世界各地で毎年さまざまなイベントや集会が行われている。

（2）環境・人権・福祉などの個別テーマにしたがって直接事業を行うのではなく、寄付者と事業実施者の中間的立場で事業を行う団体。

（3）地域に暮らす市民が自らまちを育てる活動を支援するために、一九九三年に設立。NPO法の成立への関与、都市計画マスタープラン市民案作成の支援、まちづくり制度の改革案の提案、市民金融や地域通貨をいち早く紹介したイギリス調査など、幅広い分野で活動している。

第2章

ぐらんが支援してきたNPOとNGO

奥田裕之

ここでは、ぐらんが支援してきた一〇〇団体のなかから、都内草の根助成で支援した六団体と、アジア草の根助成で支援した三団体の活動を紹介したい。この九つを選んだ理由は以下の三点である。

①現在も活発な活動をしている。

②都内の団体は、活動の主体や法人格のバラエティと、人権、環境、子育て、難病など活動分野が多様になるように配慮した。

③アジアの団体は、ぐらんの助成のオリジナリティが理解しやすい女性や子どもをテーマにした。

もちろん、すばらしい活動を行なっている団体は他にもたくさんある。それらについては、巻末の助成団体一覧を見ていただきたい。

こうした団体の活動紹介によって、ぐらんがどのような意思をもって助成を続けてきたのかが理解していただけるであろう。同時に、新聞やテレビなどのニュースだけではなかなかわからない社会的な課題とその解決方法、さらには将来の日本社会の可能性を感じていただければ幸いである。

1　都内で活動するＮＰＯ

（1）ＣＣＳ世界の子どもと手をつなぐ学生の会

大学生が行う、在住外国人の子どもへの学習支援

ＣＣＳ（Club of Children and Students working together for multicultural society）世界の子どもと手をつなぐ学生の会（以下、「世界の子どもと手をつなぐ学生の会」）は、学生が主体となって、日本で暮らす外国人の子どもたちへの学習支援とエンパワーメント（元気づけ）を行う団体である。

設立のきっかけは、一人の日本人が八王子市で始めた「外国人のための日本語教室」だった。その場に集まったのは、平日の昼間であるにもかかわらず、子どもたちばかりだったという。彼らは学校に行っても勉強がわからないし、友だちもいなかった。そこで、学習に加えて、メンタル面のケアやエンパワーメントへの支援の必要性を感じ、手伝ってくれる大学生を募集。一九九三年に活動が始まった。

現在では東京都と神奈川県に七つの教室をもち、各教室を大学生が自主的に運営している。

1対1だから、子どもの状況に合わせた対応ができる

学習支援の基本は子どもとの一対一だ。七つの教室を合わせて、外国人の子どもが約一六〇人、支援する大学生は約一三〇人である。法人格をもたない会員制の任意団体で、参加する大学生は世界の子どもと手をつなぐ学生の会の会員になるのが条件だ。

子どもの年齢や出身国はいろいろ。年齢構成をみると、中学生がもっとも多い。出身国は、中国、フィリピン、韓国などのアジア諸国と、ブラジルやペルーなどの中南米諸国が多いという。日本で生まれ、話す分には日本人と変わらない子どももいれば、日本に来たばかりだったり、二～三年日本にいても言葉をまったく覚えていない子どももいる。

学習支援の方法も開催日数や時間帯も、

教室によってさまざまである。カリキュラムは、教室を運営している大学生全員で組む。そして、子どもたちの進捗状態を見ながら、どういった方向性で進めていけばよいか、どの教材を使えばよいかなどの指示を、各教室のリーダー役の大学生が出す。

大学生側は、単に勉強を教えるだけではない。ほぼ二カ月に一回ずつ、異文化理解や移民政策など活動に必要な問題意識を養い、知識を得るための事例検討会と研修会を行い、全員に参加を義務づけている。

子どもたちにとっては、年齢が近いお兄さんやお姉さんだからこそ、学校での悩みや恋愛の相談などを話しやすい。先生でも親でもない、子どもが打ち解けやすい存在であるのが、大きな特徴だ。また、活動に参加する大学生は夢や希望をもち、多くは社会に対する問題意識も強いので、勢いや情熱を非常に感じる。

支援する側のやりがい

一方で、この活動は大学生たち自身のエンパワーメントにもつながっている。研修や活動をとおして、たとえばメールの送り方、日常的なエチケット、ITスキルなどに関して学ぶ。教室に参加するメンバー全員でチームを組み、一人ひとりの子どもの気持ちを考えながら運営し、責任をとることによって、自分たち自身が成長していくのである。実際、多くが就職後に世界の子どもと手をつなぐ学生の会での経験がとても役に立ったと語るという。それは、前述の点にとどまらず、社会性と責任感が身についたということだろう。

大学生である以上、一〜二年で主要メンバーが変わっていくし、教室は七つに分かれている。したがって、それらのコーディネートが重要になる。現在その役割を担うのが、数少ない社会人である事務局長の中西久恵(一九八〇年生まれ)さんだ。大学生のころは、役員をやるつもりはなかったという。

「ところが、次に事務局長を受ける予定だった人が留学したうえに、私が四年生のときに創設者が入院されました。また、一般企業への就職に積極的になれなかったこともあって、世界の子どもと手をつなぐ学生の会の活動を続けていきやすい仕事をしようと思い、派遣会社で働きながら活動を支えています」

中西さんに、なぜ熱心な活動が続けられるのか聞いてみた。

「子どもを相手に活動していると、数字で表せるものではありませんが、精神的な成長を見ることができます。日本に来た当初はアイデンティティに揺らぎがあり、言葉がわからないために勉強も苦手で、どうやって生きていこうか悩んでいた子どもたちが、一所懸命に勉強して高校に受かったり、というように。

私が最初に教えていた子どもは、大学合格後に「自分が大学に入れたのは世界の子どもと手をつなぐ学生の会で勉強できたからだし、たくさんの学生にアドバイスされたことが励みになった」と言っていました。私たちは、その子どもだけに特別な支援をしたわけではありません。でも、ふだんの活動が励みになって、その子どもの人生が明るい方向に向かい、私たちにそのお手伝いが少しでもできた。それが、とても幸せなんです」

助成金を活用して、きめ細かいサポートを行う

ぐらんは二〇〇六年度に、世界の子どもと手をつなぐ学生の会に対して一五万円を助成した。そのお金はどう活かされたのだろうか。

「学習の支援をするために必要な日本語の教材や各教科の学習教材を購入したほか、独自の教材の作成にも使わせてもらいました。たとえば、高校受験用の中国語と日本語の教材などです。さまざまな文化的背景をもつ子どもたちのニーズに合わせた教材をそろえることで、充実した学習サポートができるようになりました」

最近では、学習支援を受けていた子どもが大学生になり、世界の子どもと手をつなぐ学生の会の活動に参加するケースも出てきたという。

「子どもたちにとっては、同じ境遇で過ごした先輩だからこそ話せることもあります。私たちにとっては、かつて支援を受けていた子どもが青年になって活動に参加してくれることは、非

常に大きな励みです。今後、こうしたケースが増えていけば、より魅力的な組織になっていくでしょう」

授業風景を見ると、クラブ活動と家庭教師の中間でもあり、ＮＰＯ活動でもあるような、独特の明るく前向きな雰囲気がある。それを成り立たせているのは、言葉が充分に理解できないなかで努力している子どもたち、その受験や将来を応援する大学生、それらを支えている支援者の社会人たちだ。彼らの多くは「いまどきの若者」のように見える。特別にボランティアを熱心にしている、生真面目な感じはしない。そうした普通の若者が、普通にこうした活動を行なっているという事実は、他の世代がよく認識しておくべきだろう。

(2) PEACE暴力防止トレーニングセンター

子どもへの暴力を防ぐために

ＰＥＡＣＥ暴力防止トレーニングセンター(以下、「ＰＥＡＣＥ」)も、子どもを対象とした団体である。その活動を一言でいうと「子どもをとおして人権を守る」となるだろう。

設立は一九九四年。小さいころに性的被害を受けた女性たちの自助グループのファシリテーター(ミーティングを円滑に進める役割)をしていた現代表の安藤由紀さん(一九五四年生まれ)が、子どもへの暴力防止(CAP=Child Assault Prevention)というプログラムを知ったことがきっかけである。それは、子どもたち自身が自分に向けられた暴力をはね返し、被害を未然に防ぐためのプログラムで、当時はごく一部でしか知られていなかった。

安藤さんは、被害者を救うためには予防活動を行う必要があることに改めて気づかされたという。自助グループで話を聞くなかで、きちんとした性教育を受けていなかった、親に伝えたけれども信じてもらえなかった、被害を受けても家族に言えるような状態ではなかった、などの声が伝わってきたからだ。性的被害の問題はなかなか表面化されず、根が深い。

だからこそ不特定多数の子どもに伝える必要性を感じ、予防のための知識を身につける活動を始めた。具体的には、「世の中には虐待ってあるんだよ」「性暴力ってあるんだよ」ということを、ショックを与えないように伝えていくのである。そうした知識を子どもが得て、仮に被害を受けそうな状況におかれた際に、言葉で拒否したり、その場から逃げたり、担任の先生に相談するなどの、自己解決できる力をつけることをめざした。

しかし、設立当初は、子どもへの虐待や性暴力という問題をなかなか受け入れてもらえなかったという。「そんな問題が日本にあるわけはない。それはアメリカのできごとでしょ」と、よく言われた。関心をもってＣＡＰのプログラムを教える指導者の養成講座の参加者の間でも、「性暴力問題はやりたくないし、ロールプレイングもやりたくない」という意見が多かった。児童相談所でさえ「本当に起きているの？」と言った職員もいたほど、拒否反応や拒絶反応が強かったという。

その一方で、しだいに講演依頼が増え、九〇年代後半になると昼夜問わず問い合せの電話がかかるようになる。そこで、ＰＥＡＣＥの事務所を開設し、二〇〇一年にはグループワークができるトレーニングセンターをつくった。

権利があるから自立できる

子どもの権利や人権の尊重は、「過激な自己表現」に見えてしまう場合がある。保護の必要な

人形を使って活動の説明をわかりやすく行う（草の根交流会）

子どもがどこまで成人と同様の権利をもつべきか、あるいは死刑制度や外国人の選挙の是非など、社会的な含意が必ずしも取れてはいないからである。しかし、ＰＥＡＣＥの活動は急速に広まっていった。その理由は、子どもの性暴力に対する母親の心配が大きかったからだという。安藤さんは、こう語る。

「活動を始めてしばらくすると、連絡が増えてきました。そのなかで、普通のお母さんたちが不安をもちながらも、「自分にも何かやれる。やりたい。子どもたちを守りたい」という思いからさまざまなことを学び、市民運動として広がっていったのだと思います。私たちのように早くに始めたグループから口コミで伝わっていき、どんどん増えていきました。大きなきっかけがあったというわけではありません。強いて言うとしたら、子どもへの性暴力の問題がありすぎていた。だから、不安の高まりとともに、「何かしなきゃ」と感じて広がったのではないでしょうか」

PEACEでは子どもへの虐待や性暴力防止だけでなく、P・S・P(PEACE SEX EDUCATION PROGRAM)という性教育のプログラムやアサーティブトレーニング(相互尊重トレーニング＝お互いの人権を認め、尊重しあい、傷つけることなく、話し合いをするというトレーニング)などを行なっている。さらに、家庭内暴力の被害者への対応、教育委員会からの依頼による性暴力の被害を受けた子どものお母さんのケア、学校の先生への研修など、活動の幅が広がっているそうだ。

近年では、神奈川県で高校の教職員向けの人権トレーニングに呼ばれ、教職員自身が参加しながら人権問題を体感するプログラムを実施している。高校生の実態や高校生を待ち構える罠をよく認識している生活主任や生活指導の先生は多いが、人権意識には非常に個人差が大きいという。子どもにとっての人権教育について、安藤さんはこう語る。

「子どもにとって、人権教育は絶対に必要だと思います。子どもの権利を認めてこそ、子ども自身が責任を果たせるし、自分に権利があるとわかって初めて、自分で考えて行動し、自立できるからです。人権を認めず、非行化するかもしれないと一方的に決めつけて、子どもを加害者予備群と見てしまうことが、健全な成長を阻んでいるのではないでしょうか」

小さな子どもは、人権とは自分自身を大切にすることであり、そんなにむずかしいものではないということを、水が砂に染み込むように、素直にまっすぐ受け入れるそうだ。逆に、おとなのほうがむずかしく考える傾向があるという。

助成金で活動の基盤をつくり、持続していく

こうした活動をしている団体は、収入のある事業として成り立たせにくく、なかなか資金的な余裕がもてない。ぐらんからの助成金は、どのように使われたのだろうか。

「二〇〇三年にいただいた助成金は、おもに虐待と性暴力の予防教育と、そのための人材育成に充てました。また、サポート・カウンセリングや、親のためのサポートグループを企画・運営して、支援活動を充実させられました。これらは、その後のより充実した活動の基盤づくりとなっています」

人権や虐待に対する取り組みは、とくに予防の場合は、終わりのない活動といえるだろう。それでも、問題を発見した市民が、さまざまな場所であきらめずに活動している。それは、日常生活に近いようでいて遠いが、常に行われていなければならない。だが、意識の違いから反発も大きい。活動を持続する秘訣を安藤さんに聞いた。

「大切なことは、あきらめない持続力、糸が細くても活動を紡いでいくことだと思います。人

の心が変わるのには、時間が必要です。三年かかるかもしれないし、五年かかるかもしれない。だからこそ、継続していかなければいけません。

おそらく子どもへの虐待や性暴力は、残念ながら一日たりとも止むことなく続いていくと思います。地球上のどこかで、いつでもある。なくなるとしたら、ずっと先の話。だから、私たちの活動を続けていくことが必要です。一つのグループが一〇〇年やるのもよいかもしれませんが、活動が広がっていって、いろいろな団体が、それぞれのアイデアで違うプログラムや場づくりをしながら、人権の大切さを伝えていけたらよいのではないかと思っています」

安藤さんが言うように、いろいろな団体や個人がそれぞれのプログラムで取り組んでいくことができる土壌をつくるための支援を続けていかなければならない。

（3）環境まちづくりNPOエコメッセ

順調に成長

環境まちづくりNPOエコメッセ（以下、「エコメッセ」）は、「自然との共生を優先したまちづくりを実践し、環境に負荷をかけない循環型社会をつくりだす」ために、「緑が豊かで、誰もが歩きたくなる街並みや、自然エネルギーの普及で環境負荷のない暮らしの実現」をめざすNPOである。具体的には、趣旨に賛同した市民から寄付を受けた衣類や雑貨などを店舗で販売し、その売り上げを、地域の緑を残したり自然エネルギーを推進するなど、環境に関する活動へ還元する事業を行なっている。

参考にしたのは、イギリスのオックスファム（Oxfam）というNGOの活動だ。オックスファムは、古着などを無料で提供してもらってリサイクルショップを運営し、その売り上げを国際協力活動などの資金にしている世界的な組織である。店舗は「エコメッセ・リユースショップ」と呼んでいる。リユースとは、「一度使用されたものをそのままの形で再使用すること」。この店舗をとおして、循環型社会の流れをつくることも目的の一つだ。

エコメッセは、生活クラブ生協・東京の組合員活動のなかから二〇〇二年に設立された。事業は主婦によって行われている。現在は都内に一二店舗をもち、それぞれが「自然エネルギーの推進・普及」「水と緑を守る・増やす」「自然エネルギーの推進と資源の循環」など、地域に即したテーマで活動している。そして、太陽光発電による市民発電所の開設、環境学習、家の建て替えにともなう木々の移植の相談受付と移植、植栽計画や苗木の寄付、緑のカーテン（植物を建物の外側に植えて陽射しをさえぎり、部屋の温度を下げる）の促進などの事業を行なってきた。市民に無償で苗木を提供し、東京に緑を増やすことを目的とした〇七年度の「緑の里親活動」では、東京に一七六本の木を植えたという。

〇七年度の売上高は四六四三万円（前年比一一三％）、来客者数は九万八〇三五人（前年比一一一％）と、順調に成長し続けている。

ぐらんからの助成金と市民発電所の建設

もっとも、当初から順調だったわけではない。最初は活動を理解してもらうことに苦労したという。ぐらんからの助成を受けたのは、活動を容易に理解できるようにする必要性を感じていた時期である。

助成は二〇〇三年に「エコメッセ練馬運営委員会」に行われ、助成金は自然エネルギーの意味が一見してわかる、ソーラーパネルやソーラークッカーの購入に充てられた。ソーラークッ

ソーラークッカーを使った、自然エネルギーの実演。

カーは、直径一メートル程度の半球の中にコンロ型の金具を設置して、太陽光によって調理できる器具である。これらは移動可能で、自然エネルギーを説明する際に大きなインパクトがあるという。元事務局長の新藤絹代さん(一九四七年生まれ)は、ぐらんからの助成についてこう評価している。

「わかりやすい機材を当初に購入できたことで、多くの人に自然エネルギーを身近に実感してもらえました。また、設立から間もない時期の助成だったので、団体のミッションを訴えかけ、活動を知ってもらうことに、とても役立ったと思っています」

これらの器具を使って説明していきながら、エコメッセ練馬運営委員会では当初からの目標の一つであった市民発電所の設置に力を注いでいく。市民発電所とは「市民の寄付や出資によってつくる自然エネルギーの発電所」で、太陽光が中心である。

市民発電所は、店舗の売り上げと市民からの出資などによって、〇四年に二カ所で実現した。記念すべき一つ目は、環境に配慮した大学づくりをめざす武蔵大学、二つ目は「子どもたちの環境を守るために何かできることを」と考えていた大泉双葉幼稚園だ。現在は、第三の市民発電所設置に向けて準備を進めている。

同時に、自然エネルギーの導入には、政府によるエネルギー政策が大きく影響する。

「日本では自然エネルギーで発電した電力の買い取り価格が低く設定されているために、発電所設置にかかる費用を考えると、採算をとることがむずかしいのです。一方ドイツなどでは、石油や原子力による電力に比べて自然エネルギーで発電した電力を高く買い取る政策をとっていて、自然エネルギーの普及につながっています。活動を始めてから見えてきたことが多いのですが、こうした課題も多くの人に伝えていきたいと思っています」(新藤さん)

リユースショップから環境活動へ

エコメッセの事業面での特徴は、仕入れに資金がいらない代わりに、物品寄付が常に必要なことだ。もっとも、女性用の衣服・バッグ・靴、アクセサリー、食器などを中心に、並べきれないほどの量の寄付を受ける店舗もあるそうだ。なぜ、安定した寄付を受けられるのだろうか。それは、地域に根ざしたさまざまな活動が組み合わさって、エコメッセのベースになっているからだろう。スタッフの多くは、長年地域でさまざまな活動をしてきた女性たちである。彼女たちへの信頼と地域の人たちの力、そして支援してきた生活クラブ生協や東京・生活者ネットワークに対する信頼感が、活動の基礎を形づくっているように思える。

また、この活動が「環境に負荷をかけない暮らしづくり」を目的に非営利で行われているからこそ、テーマに共感する多くの市民が物品を寄付するのだろう。営利事業であれば、無料で質のよい物品の寄付を受けられることはあり得ない。

店舗には、地域への情報発信や人が集う場としての機能もある。「地域を再構築する場としての店舗」が、当初からの構想だったという。もっとも、店内で環境問題を大げさに語るわけではない。CO_2の削減は家計にもやさしいことをソーラークッカーを使ってアピールし、環境問題をあまり考えていなかった人にもゆっくりと理解を深めてもらっている。

さらに、この活動には、女性たちが自分たちの雇用の場を、自転車で通える距離でつくり出すという側面もある。二〇〇八年現在、一二店舗で四六人のスタッフを雇用している。働くことの喜びや価値という面での評価は高い。ただし、労働対価という面では、一般のアルバイト賃金に届かない。若い世代に引き継ぐためには、生活できる賃金を払う必要がある。それでも、設立以来毎年順調に売り上げを伸ばし、店舗も増え続けていることから見て、今後はコミュニティビジネスの成功モデルになる可能性は大きいといえるだろう。当初から活動してきた新藤さんに、これまでを振り返っていただいた。

「ＮＰＯを運営してみて、経営のプロではない私たちが事業を行う大変さはとてもありました。でも、世の中には儲けだけでは解決できないことがたくさんあり、社会を活性化するためにはこうした活動が大切です。ＮＰＯを事業と捉えている団体はまだ少ないかもしれませんが、エコメッセでは当初から助成金に頼らずに事業として成り立たせようと考えていました。こうした形で非営利事業が発展することで、市民社会の活力が生まれるのではないかと思っています」

エコメッセは、地域の女性たちが集まってリユース事業を行うことでごみを減らし、趣旨に賛同する個人の善意を環境活動のための資金と運動へ転換し、さらに地域での雇用を自らつくり出すという、数多くの機能をもっている。このような事業的な視点をもつＮＰＯの存在がきっかけとなって、非営利の事業体が活発になっていくことが望まれる。

（4）企業組合アジア・ワーカーズ・ネットワークあうん

野宿者自身が仕事をつくる

企業組合アジア・ワーカーズ・ネットワークあうん（以下、「あうん」）は、貧困問題を自分たちの周辺だけでなく広くアジアにも目を向けたネットワークのなかでつなげ、解決していきたいという願いをこめて、設立された。野宿者（ホームレス）や元野宿者などの、いわゆる「生活困窮者」とそのサポーターたちが、自分たち自身の手による仕事起こしをめざして、リサイクルショップ、便利屋、家電製品のパック販売（中古の冷蔵庫、洗濯機、こたつ、テレビなどの家電製品をセットにして格安で販売）など多くの事業を行なっている。

あうんは、「当事者自身で仕事をつくることによってホームレス問題を自ら解決し、下積みの労働者が胸を張って生きる」という目的のもと、二〇〇二年に当事者三名と支援者二名で、古着のリサイクルショップ事業から始まった。設立時には、事業を起こした経験者は一人もいない。目標とした収入は、ブルーシートのテントに居住しているホームレスの平均収入である月三万円だった。

当初は、「ホームレスが運営するリサイクルショップ」という理由で、地域の人たちからの信頼をなかなか得られなかったという。そこで、働く姿を見てもらおうと考え、何でもやる便利屋も開始し、積極的に声をかけていった。便利屋の最初の仕事は、マンションの三階にできた蜂の巣取りだったそうだ。

やがて地域の人たちとの会話が少しずつ生まれ、偏見が解消していった。事業を開始して約半年後に、年配の女性に「どんな人も仕事で苦労してきたんだよね」と声をかけられたあたりから、コミュニケーションがとれるようになったという。月三万円の収入目標も達成できた。その後の発展はめざましい。その一端に、ぐらんからの五〇万円の助成金があった。

助成金で仕事の幅が広がる

ぐらんからの助成金は、自前の軽トラックの購入に充てられた。あうんの中村光男さん(一九五一年生まれ)は、助成金をとても効果的に使ったと語る。

「助成金と事業で得た収入を使って、便利屋で使用する軽トラック(約七〇万円)を買いました。自前の軽トラックを手に入れたことで、請けられる仕事の量や種類の幅が広がり、事業が大きく拡大していきます。スタッフ一人ひとりの働く時間も増え、より安定した収入を得られるようになったのは、とても大きかったですね」

たとえば、引越しや部屋の片付けなどを請けられるようになったし、一人暮らしの老人が亡

荒川区にある、あうんのリサイクルショップ。２階は事務所になっている

くなった際の部屋の掃除や家財道具の処分も事業に加えられた。リサイクルショップは基本的に接客業であり、苦手なメンバーもいたが、身体を動かす便利屋事業の発展で、より多くのホームレスが就労できたという。リサイクルショップで販売する物品の運搬もスムーズになる。

さらに、家電製品のパック販売も始めた。ほとんど黒字にはならないが、元ホームレスや留学生にたいへん喜ばれているそうだ。最近では、一トントラックを購入し、ニュースレターを送る支援者は一〇〇〇名を超えるなど、事業としても充分に採算が合っている。アルバイトを含むスタッフ数は二六名で、給与は一五万〜二〇万円、年商は五〇〇〇万円だ。

あうんは社会的な活動という側面が大きい一方で、事業性も強く意識している。ホームレスの支援活動をしてきたなかで、支援物資で使われない衣服が無駄になっている、仕事をしたくても働く場のないホームレスがいるなど、気づいてはいたが未解決だった課題がいくつもあった。参加メンバーの特性を活かしながらアイデアを出し合い、そうした課題を採算が取れる社会的事業にしている。それは「多くの人たちが求めていたものを事業化する」という、まさに社会的な起業であり、コミュニティビジネスの優れた形と言えるだろう。

働きながら、暮らし全体を取り戻す

ホームレス支援は、「住まいがあれば解決する」ような単純な問題ではない。あうんは、ホームレスが仕事によって誇りを取り戻し、社会とのつながりを仕事によって得ていくための支援が重要だと考えている。彼らが仕事をエネルギーとして住まいや健康を自分で維持し、行政サービスや地域社会とのふれあいなど、排除されていたさまざまな社会環境との接点を取り戻す。それは、行政による支援サービスとは違う、本来的な「暮らしを自分の力でひとつずつつくっていくための支援」と言える。

また、食料支援を行う「フードバンク」、アパート入居に際して連帯保証人を紹介する「自立サポートセンターもやい」、無料で医療相談会を行う「隅田川医療相談会実行委員会」など、他のＮＰＯとのネットワークも形成されている。それらをとおして、仕事づくり以外の問題にも

取り組んで、「命と希望を守る」活動を行なっているのだ。

当初からあうんの中心にいた中村さんは、山谷で働きながらホームレスの支援をしてきた。始めたきっかけの一つは、山谷における高齢化問題だったという。

「山谷で長く働いていたのですが、一九九三年くらいから日雇いで働いていた方たちの高齢化が始まり、働けなくなった後に路上で亡くなる人が出てきました。そのとき、日雇いではなく、みんなが継続して働ける場をつくらなくちゃならないと感じたんですね。行政などの就労支援は一時的だったし、仕事をしても食べていけなかったり、働く楽しみがない仕事が多かった。誰かに指示されて働くのではなく、たとえ小さくても自分自身で胸を張って働けるような、新しい働き方の場が必要だと思ったんです」

さまざまな橋渡し役も担う

ホームレス支援を目的として始まったあうんの性格は、事業の発展につれて少しずつ変化してきたという。中村さんは、高齢社会のなかで孤独に暮らしている老人、フリーターなどで生活が不安定な若者、引きこもりの若者、外国人労働者などに対しても、仕事づくりという面から社会との橋渡しができないかと考えている。

「さまざまな背景や文化をもつ人たちをつないでいくことが大切になってくるんじゃないかと

感じています。活動が大きくなるにしたがって、ホームレス以外の人もあうんで働くようになってきました。最近では、自閉の若者がホームレスといっしょに働いています。初めはまったく人間関係をもとうとしませんでしたが、飾らない自分を認めてくれることがわかったのか、少しずつ前向きになってきました。ホームレスという経験が、傷ついた人の気持ちを尊重したり、汚れ仕事でもがんばってこなす際など、役に立つこともありますよ」

働くことを基点にしながら、人間の誇りや社会とのつながりを自分たち自身で再生していく。あうんの事業は、優れたコミュニティビジネスとしても、社会的なセーフティネット機能としても、また単一化しがちな日本社会のなかで多様な存在が同居できるまちづくり活動としても、今後ますます重要になっていくだろう。本来の意味での社会的事業であるあうんの活動から学ぶものは、とても大きい。

(5) NPO法人ViViD

目に見えない高次脳機能障害

高次脳機能障害とは何か、知らない人が多いだろう。しかし、それは誰にでも起こる可能性をもつ身近な問題である。人によって症状の表れ方がさまざまであり、外部からはわかりにくいことから、「目に見えない障がい」とも呼ばれる。

脳は三つの機能をもっている。手足を動かす運動機能、見る、聞く、熱い、冷たいなどの五感を感じる知覚機能、そして記憶、感情、言語、認知、情緒などを支配する高次脳機能だ。

高次脳機能障害とは、脳梗塞・脳出血・くも膜下出血のような脳血管障害、事故による脳外傷、脳炎、低酸素脳症などで、突然に脳を損傷したために生ずる、言語、記憶、情緒などの障がいを指す。身体の機能が回復しても、「少し前のことを忘れてしまう」「気が散りやすく、疲れやすい」「会話が成り立たなくなった」「性格が変わった」「突然キレたり怒り出すようになった」「元気そうに見えるのに、自分からは何もできない」など、日常生活や社会生活の問題が残るところに、この障がいのわかりにくさがある。

正しい理解と支援があれば、症状が緩和され、社会復帰も可能になる。しかし、周囲はもちろん、本人にも障がいの理解がむずかしい。そして、誰にでも起こりうるにもかかわらず、医療や福祉制度の支援が充分ではない。それは、専門の医師でなければ正確な診断がむずかしい、診断されても障害者手帳の給付が受けられない場合が多い、医療保険ではリハビリ期間のうち一八〇日までしか保障されない、などのためである。

V・i・V・iDの設立とミッション

V・i・V・i（ヴィヴィ）は、エスペラント語で「生きる」という意味だ。NPO法人V・i・V・iD（以下、「V・i・V・iD」）は、生きる意味を大切に考え、高次脳機能障害があっても「生き生きとした（v・i・v・i・d）」生活をしていくことを目的に、二〇〇七年に設立された。設立のきっかけは、日本社会事業大学専門職大学院の二期生に、脳機能障害の家族を世話した経験のある学生や、在学中に高次脳機能障害をもった学生がいたことだったという。

日本社会事業大学専門職大学院は、大学卒業の資格をもち、三年間の社会人経験者を対象にした、日本で唯一の福祉専門職の大学院である。したがって、二〇代後半から六〇代まで幅広い。福祉の経験が豊富な人に加えて、さまざまな業種やキャリアを経験した人たちが集まる場になっている。

V・i・V・iDの代表理事である池田敦子さん（一九四一年生まれ）が入学したきっかけは、息子さんが倒れて脳機能障害となった際に、少しずつ回復するのを実感したことだという。そこで、障がいの回復にともなって起きる問題を社会的に解決できないだろうかと数人の同級生に声をかけた。

その一人である高崎陽子さん（一九六七年生まれ）は、ケアマネージャーの仕事をするなかで福祉のあり方に疑問を感じ、勉強し直そうと専門職大学院へ入学。卒業目前の〇六年二月のレポート発表会の夜に、脳出血で倒れる。一命は取りとめたものの、高次脳機能障害の後遺症が残った。幸い、その後のリハビリで身体の機能はほぼ回復し、現在は働きながらＶｉＶｉＤの理事としても活動している（この間の内容については、高崎さん自身の経験とセミナーをまとめた、ＶｉＶｉＤ作成のブックレット『あっち側から見たこっち側―脳卒中実習レポート―』に詳しい）。

ＶｉＶｉＤの設立にあたっては、多くの同級生とその周辺の応援団が理事や会員として参加した。看護師、自治体の福祉部の元部長、ソーシャルワーカー、民間福祉施設の監査役、ゼミの先生などだ。さまざまな職業につく人たちが参加し、高次脳機能障害に対する適切なケアのあり方に向けて努力を続けている。

都内には家族会を中心に、たくさんの高次脳機能障害の支援グループがある。そのなかでＶｉＶｉＤは、当事者やその家族に加えて専門職の集まりとして「いまの状況を変え、未来をつくる」ことをめざすという特徴をもつ。そのミッションは、高次脳機能障害者の在宅生活におけるケアのための調査研究、一般の理解を深めるセミナーなどの啓発活動、ミニデイサービスなどの居場所や相談所の開設、それらを通じた社会復帰のための支援だ。

そうした一つに、現在まだ統一の書式がない「高次脳機能障害用のアセスメントシート(評価シート)」の開発がある。アセスメントシートとは、現在の状況を第三者評価が可能なように書き出し、今後の生活に役立てるシートで、福祉の分野では一般的に使われている。高次脳機能障害によって起きる問題を正確に記録し、行政や病院に伝えられる汎用性のあるアセスメントシートの開発の意味を、池田さんはこう語る。

「当事者自身が障がいをもっているという認識を得るための機会が、あまりありません。本人も周囲も苦しい状況に置かれているケースを少なくするためにも、アセスメントシートの開発が必要です」

助成金を使ってミニデイサービスの開設へ

ＶｉＶｉＤでは医療や福祉の制度からこぼれ落ちている高次脳機能障害者も対象にして、ミニデイサービスの場を確保しようと考えた。ぐらんの助成は、その開設資金の補助に使われた。ＮＰＯが制度外で支援サービスを行うのだから、公的な支援は基本的にあてにできない。だから、多くの個人や企業の支援が必要である。助成金は二〇〇八年度のプレ事業に使われ、非常

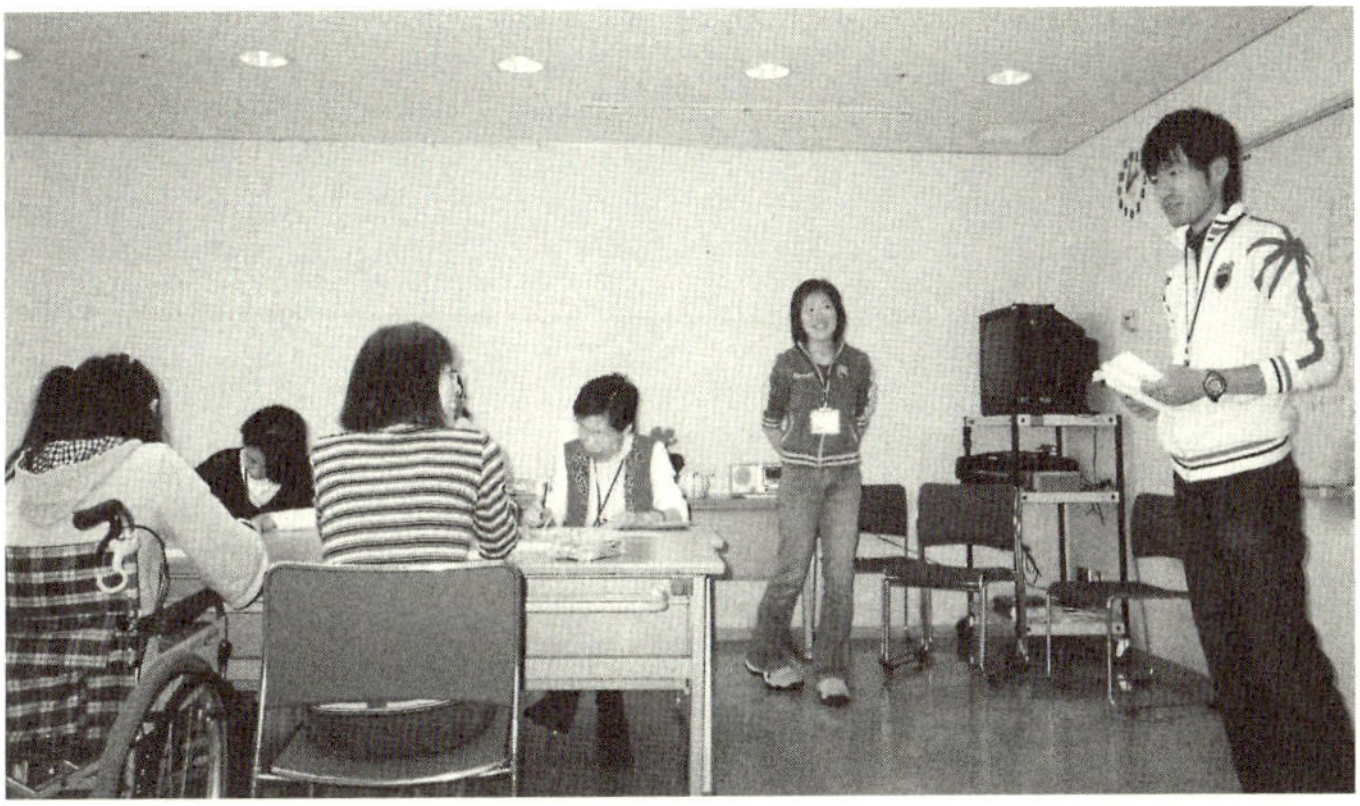

2008年の春に先駆けて行われた「プレ・ミニ・デイサービス」の様子

に大きな波及効果があったと池田さんは言う。

「団体を立ち上げて初めての助成金だったので、自分たちの活動に自信がつき、活動に活気が出ました。ミニデイサービス事業については、新宿区の協働事業提案制度に申請したところ、〇九年度の実施が決定しました。新宿区の社会福祉法人の一角をお借りして、念願のミニデイサービス事業を行うことができます。また、協働事業のなかで相談やセミナーの開催も予定しています。とてもよいタイミングで助成をいただけました」

ＶｉＶｉＤは個人的な体験や専門知識をもとに、現状の不完全な制度をあてにせず、自分たちで新しい仕組みをつくろうとしている。このような団体が発展していけば、日本の社会が質的に豊かになる。出発の時期に助成したＶｉＶｉＤに対して今後も注目し、応援していきたい。

（6）NPO法人グランマ富士見台

新しい公共をめざして

ＮＰＯ法人グランマ富士見台（以下、「グランマ」）は、練馬区の西武池袋線富士見台駅近くで運営する民間学童保育を中心に、高齢者を対象とした介護予防や情報相談広場など多くの事業を、区内のさまざまな場所で行なっている。

仕事をもつ保護者の間で、「小学校一年生の壁」といわれる問題がある。一般的には、もっとも大変なのは保育園の時期であり、小学生になると一段落すると思われている。ところが、朝早くから夜遅くまで預かる保育園とは違い、小学生を受け入れる学童保育は、平日は放課後から夕方六時まで、長期休みは朝九時から夕方六時までである。しかも、希望者全員を受け入れるには程遠い。そのため、誰も子どもの面倒を見てくれなかったり、ときには子どもが学童保育に適応しなかったりで、小学校入学と同時に仕事を辞めたり、雇用形態を変えざるを得ない保護者（その多くは母親）が続出する。

こうした「小学校一年生の壁」を乗り切るために、仕事と育児・家事の両立に多大なエネルギーを費やし、疲弊している女性は少なくない。この時期に数年仕事を離れてしまえば、以前のような職場環境に復帰するのは至難の業だからである。

グランマは、個人の力では対応がむずかしいこの社会的課題の解決を目的に、夕食付きで学童と乳幼児の夜間八時までの一時預かりを行う任意団体「子育て世代を応援します！　グランマ富士見台」として、二〇〇三年に発足した。設立者たちは「かつての専業主婦の延長線上の活動です」と話すが、グランマの事業内容とテーマには充分な先駆性と社会性がある。そして、自分たちの活動は行政に代わる民間による地域の新しい公共サービス（新しい公共）の一つであるという明確な意識をもち、行政との委託関係や、社会的なミッション、事業性のバランスを常に考えている。

独自事業で赤字を補填し、助成金で事業の確立へ

グランマは、「スタッフは個人のお金を事業につぎこまず、仕事していくなかで、また限られた期間で、事業資金をつくる」ことをモットーに、活動を開始した。学童保育サービスの料金は一カ月に一万八〇〇〇円（食事代別）。区立学童クラブの夕方六時までの保育料である五五〇〇円を目安にしたそうだ。しかし、予想よりも依頼は少なかった。保護者にとって一万八〇〇〇円は高いと、実感させられたという。

そこで、行政に対して一部負担の必要性を訴えたが、簡単には実現できない。それでも、グ

多くの子どもたちが集まって行われたグランマの「縁日」

ランマは「赤字であっても、夜間までの学童保育事業は社会に必要なサービスであるから続ける」と決めた。そして、料金を一カ月単位から時間単位中心に切り換え、赤字分を補填するために高齢者事業へ進出する。子どもたちへ食事を提供する体制は整っていたので、それを活かして高齢者への夕食の配食サービスを二〇〇三年に始めたのである。その経験を積んだ後で練馬区の介護予防事業に応募し、受託。基礎的な収入を確保していく。

さらに、事業を拡大しようと考えて、〇五年度に開始されたばかりの練馬区の補助事業である「放課後児童等の広場事業(民間学童保育)」を受託した。ところが、当時は人件費や家賃など必要最小限の補助はあっても、事業開始に必要な保育施設の開設資金への補助はなかったという。ぐらんの助成金は、現在もグランマの拠点であるこの民間学童保育施設の開設資金に当てられた。理事の前田妙子さん（一九五六年生まれ）は、こう振り返る。

「行政からの委託を受けたものの、施設の改修費用はどこからも出なかったのです。ぐらんの助成金がいただけたからこそ施設整備が可能になり、個人に負担を負わせずに無事に始められました。応援してくださった皆さんには心から感謝しています」

当時の練馬区の担当者も小さなＮＰＯに開設資金がないことはよく理解していたそうだが、担当者が共感はしても資金補助はできない。「草の根市民基金からの助成はどうなりましたか？」と心配されていたという。なお、現在では、この「放課後児童等の広場事業（民間学童保育）」の補助対象に、施設修繕費が初期費用として認められている（数百万円）。これは、グランマの事業が地域に必要な機能として定着していることと決して無縁ではない。

時代の動きをキャッチし、次の世代につなげていく

練馬区では、子育てや高齢者など地域福祉に関する多くの事業のＮＰＯや市民団体への委託を進めている。ただし、区に民設民営の社会的事業を支援したいという意向があったとしても、継続性を求められる事業でも単年度の契約しか行われない場合が多いし、施設探しや不動産契

約を自分で行う必要があるなど、NPOや市民団体にかかるリスクと負担は大きい。したがって、それに応えられる団体は少なかった。

そのなかでグランマは、自分たちのミッションに反さないかぎり、区からの相談や委託はできるだけ受けるようにしてきた。現在は、三カ所の高齢者介護予防事業や、銭湯を使った相談情報広場「まちの縁側〝ぬくい〟」の委託運営を担っている。二〇〇九年四月からは、小学校に新設される区立学童クラブの委託運営も行う予定だ。

このようにいくつも区からの委託を受けていると、「行政に安く使われているだけではないか」「コーディネートをするばかりになるのではないか」という批判があるかもしれない。それについて、理事の浦邊左由美《うらべさゆみ》さん（一九五四年生まれ）は前向きに話す。

「区がNPOに対して安い価格で委託しかねないということは、わかっています。でも、行政が民間に事業委託をするなかで、委託の対象となる行政の外郭団体などのクオリティに問題があることが多い。それ以上に、これから新しい公共をつくっていく流れのなかで、私たちのような小さな団体が参入して信頼できる仕事をして、基準となる質を高め、新しい公共という考え方を空洞化させないことが大切だと思っています。それに、行政にもよい人もいるし、よい変化もありますよ」

なぜ事業を次々と起こすのかという質問には、前田さんがこう答えた。

「ひとつの主義主張を訴えるのはもちろん大切ですが、私たちは何よりも動き続けていたいと思っています、それは事業を成立させるという理由もありますが、常に時代の流れをキャッチするべきだと考えているからです。グランマの活動の多様さに、本当は何をやりたいの？と疑問を呈されることも多々あります。けれども、時代の速い流れに意識して乗っていかないと、たとえ高い目標を掲げていても社会とのバランスを欠く場合があるのではないでしょうか。また、最近は三〇代の女性が、教員や管理栄養士など働いていたときのスキルを使って参加しています。私たちのような団体は組織の存続ではなく、年齢に関係なく人が育っていく場になることが重要です。社会的な仕組みそのものや働き方をよりよくしていきたいと思っています」

グランマは、女性の働き方や新しい公共という問題に意識的に取り組み、事業という形で社会に発信している。次のステップについて聞くと、正規雇用なみに社会保険などのインフラを整備したいという。単年度契約の問題があるうえに、非採算事業でも切り捨てないという方針のもとで、営利企業と同様の収入を得ることはきわめて大変だ。それでも、安定した新しい働き方をつくりあげるために、私たちもいっしょに考えていきたい。

2　アジアで活動するNPO、NGO

(1) 認定NPO法人幼い難民を考える会(CYR＝Caring for Young Refugees)

子どもにも人格がある

幼い難民を考える会は、一九八〇年に難民の子どもの支援を目的に設立された。きっかけはマスコミの報道だったという。

七九年、カンボジアで虐殺を行なったポル・ポト政権の崩壊とその後の内戦によって、三〇万人以上の難民が国境を越えてタイへ逃れた。その支援のため、国連難民高等弁務官事務所(UNHCR)による難民キャンプが複数でき、世界各国のNGOが支援に入る。日本でも難民キャンプについて大きく報道され、ボランティアがタイへ向かった。

ただし、混乱した難民キャンプでの支援は、緊急援助が中心とならざるを得ない。将来を担うべき子どもたちに対するサポートは、現場では忘れられがちになっていたという。そこで「自分たちのできることをしたい」と考えた日本のボランティアの思いを具体化した団体が、幼い難民を考える会である。

名称を「難民の子ども」ではなく「幼い難民」にした理由は、難民キャンプにいる子どもたちにも、一人の人間としての人格があるという思いからだ。また、「考える会」としたのは、「支援する会」や「救う会」では、「上から下へ」という優劣の図式になると感じたからだという。このように会の名称には、「なぜ子どもたちが戦争や飢餓、人権侵害などによって、難民にならなければならなかったのか」「子どもたちが生きていくために私たちに何が協力できるのか、常に考えながら行動したい」というメッセージがこめられている。

支援する対象は、幼児期の子どもたちである。人格形成期としてとくに大事な時期に、その可能性や生きようとする力を最大限に発揮できる環境をつくりたいと考えて、活動している。また、その延長線上として、小学校や保護者、とりわけ母親に対しての支援も行う。

難民支援から復興支援へ

幼い難民を考える会の活動は、難民キャンプ内で保育センターを難民たちといっしょに運営することから始まった。当時さまざまなＮＧＯが支援に入ったが、幼い子どもに焦点をあてて専門的に支援したＮＧＯは少なかったという。

また、国境周辺には通称「被災村」と呼ばれる村があり、カンボジア側からの砲撃によって周辺住民が被災するという問題もあった。この村に対しては、国連国境救援機構が物資の支給などを行なっていた。幼い難民を考える会は、そのタイ人スタッフが中心となって始めた周辺住民に対する支援をサポートする形で、保育者の育成や保育施設の教材などを支援していく。

難民キャンプでの活動は、一九九三年のキャンプ閉鎖によって終了した。また、タイの保育施設への支援は行政や住民が自分たちで運営できるようになった時点で終了し、活動の拠点をカンボジアへ移す。その結果、支援する対象は「難民の子どもたち」から「子どもを中心とした復興支援」へ変化した。

現在は、戦争によって被害を受けたおとなも子どもも二度と難民になることがないように、人と人が争わない平和な社会づくりをめざして活動している。農村住民が保育園を運営するための支援、カンボジア政府と協力した公立幼稚園の保育者の研修事業、都市貧困地域での保育・給食支援・栄養改善などが中心である。このように活動の範囲が広がるなかで、分野は幼児教育と子ども・女性にしぼり、保健衛生や農村開発などでは、各専門分野で活動する他のNGOとネットワークを構築しているという。

カンボジアでの活動は、農村部からスタートした。カンボジアでは保育に特化して活動するNGOが少ないため、政府や他団体が見学によく訪れ、結果的に活動が知られていった。その後、政府の教育省（日本の文部科学省）と協力して、農村の保育所のモデルを普及する活動にも取り組んでいる。

ポル・ポト時代の虐殺によって人材が極端に不足するカンボジアでは、教育による人材育成はきわめて重要な問題である。カンボジア政府は、Education For All（ＥＦＡ）という国際的なキャンペーンのもと、二〇一五年までに貧困などで小学校を卒業できない子どもたちの数を減らすため、幼児教育についてＮＧＯと協力するという方針を打ち出している。しかし、現在の四〇～五〇代は内乱によって満足に教育を受けられなかったため、就学前教育に対する理解を得るのが非常にむずかしい。

また、国の復興にともなって、貧富による格差が発生し始めた。現在は都市住民の約三分の一が貧困層である。スラムは首都プノンペン市内に約七〇〇もあり、最近の五年間ぐらいで急激に増えた。都市スラムの女性に対してはＨＩＶ／エイズ問題を啓発し、保育園の運営や女性の職業訓練を行う現地ＮＧＯのケマラと協力している。都市住民はぎりぎりの生活を強いられているので、支援の緊急性が高く、いま力を入れているという。

助成金でつくったクメール文字表と絵本

ぐらんでは幼い難民を考える会に、二〇〇二年に五〇万円を助成した。助成金は、楽しく遊びながら学べる絵入りのカンボジア識字教育教材であるクメール文字表や絵本シリーズなどの

クメール文字表で学習する子ども（版権：小林正典）

製作に充てられた。クメール文字表の意義を、事務局長の峯村里香さんが説明する。

「カンボジアの農村では、女性たちの半数は読み書きができません。小学校に入れば文字を覚えるのですが、貧困のために多くが途中で止めてしまいます。文字にふれる機会がほとんどない農村で田畑の仕事中心の生活をしていると、文字を忘れてしまいます。そこで、幼児期の子どもたちが遊びながら自然に文字を目にする環境をつくりたいと考えて、いろいろな教材の開発を考えました」

最初の文字表は、タイの難民キャンプ時代につくられていた。それを使いやすく改良し、カンボジア人が絵を描いた新しい文字表は、幼い難民を考える会がかかわる保育所・幼稚園などで利用されてきたそうだ。

その後、子どもの手のひらにおさまるサイズの絵本シリーズを作成した。村では絵本を目にする機会がほとんどない。幼い子どもたちが最初に手にした絵本だろうという。当初は一種類だったが、好評のためシリーズ化し、動物、農機具、乗り物、果物、野菜の五種類になった。

こうした教材は印刷して配るだけではなく、年齢に合った遊び方を工夫しながら識字学習のトレーニングに活かしている。その際、必ず教えるおとな側の研修とセットにして配布する。さらに、半年後や一年後に状況を再確認して、必要に応じて再トレーニングする。

「最初にご支援をいただいたことがきっかけで、文字教材がない幼児教育の施設で初めて教材を製作できました。その後は、新しい遊び方を保育者が独自に考えるようになるなど、現場で長く活用されています。現在は日本でクメール文字募金を募り、金額に応じて増刷するなど、多くの子どもたちの間で利用される教材に育っていきました」(峯村さん)

財政難の改善と活動が継続する理由

一九八〇年代にUNHCRから補助金を受けていた幼い難民を考える会は、難民キャンプでの事業を終え、カンボジア国内での活動が広がり始めた二〇〇〇年ごろ、財政的に厳しくなった。カンボジア常駐から帰国した峯村さんの日本での重要な仕事は、資金調達だったという。

その後の努力の結果、現在では会費と寄付に加えて、カンボジアで製作する織物やカレンダー販売などを含めた自己資金が七割程度と、以前に比べて安定した収入を得ている。とくに大きなスポンサーがいるわけではないのに活動が長く続いている理由を峯村さんに聞いた。

「深刻な財政難に直面して、ＮＧＯは活動資金を補助金だけに頼らず、いろいろな形で資金を集める努力が必要だと学びました。そのためには、活動計画と予算を明確にし、説明する義務があります。資金を集める努力を全員が協力して続け、その使い方を報告することが大切です。報告が不明瞭であったり、日々の努力の継続性がないと、長期的な活動はむずかしくなるでしょう」

現在のスタッフは、東京が常勤四名と非常勤一名、現地は日本人スタッフ二名とカンボジア人スタッフ一〇名だ。事業を支えるスタッフ数としては絶対的に足りないなかで、各世代のボランティアが活躍しているという。幼い難民を考える会で働く意義を峯村さんはこう語った。

「文化や生活習慣などが異なる人びとと仕事をするのはむずかしいけれど、学ぶことがたくさんあります。私たちが現地で知ったことを、日本の、とくに子どもたちや国際協力に関心がある若い世代に伝える仕事を大切にしています。ボランティアやインターンとして長年にわたって幼い難民を考える会を支えてくださる大勢の方々のエネルギーを得て、世代を超えて活動が受け継がれていく現場にいられることは、とても幸せです。仕事なので大変な部分はありますが、楽しい。この雰囲気や実感は、最初にボランティアでかかわったときから変わりませんね」

（2）NPO法人国境なき子どもたち（KnK）

設立のきっかけと二つのミッション

国境なき子どもたちは、国際的な医療・人道援助団体の日本事務局が一九九五年に開始した青少年向け教育プログラムを前身として生まれた団体である。この医療援助団体は、世界各地で医師や看護師らによる医療援助を行なっている世界的なNGOだ。

そのプログラムは、日本の一一～一六歳の子どもをレポーターとして海外の活動国に派遣し、活動現場の様子を日本に伝えるものである。当時の日本でそれほど知られていなかったこの援助団体への理解を促進することが目的だった。

派遣された子どもたちは、医療援助団体の活動現場をはじめ各地の様子を見るなかで、自分とほぼ同じ年齢のストリートチルドレンや路上の物売りたちと出会う。子どもたちは、見聞きした状況のレポートにとどまらず、直接的なアクションを起こせないかと考えた。日本事務局のスタッフも、緊急支援だけではなく日本とアジアの子どもたちとのつながりや、スポット的ではない継続的な現地支援の必要性を感じていたという。

そこで「アジアの恵まれない子どもたちを支援し、日本の子どもたちとの友情を育む」ことを目的に、九七年に国境なき子どもたちが設立された。その活動には、アジアの途上国の子どもへの継続した支援と、日本とアジアの途上国の子ども同士が理解を深めて友情を育むという、大きく二つの側面がある。

継続支援をする際の対象は、ストリートチルドレン、人身売買の被害に遭った子ども、法に抵触した青少年、貧困家庭に生まれ育った子ども、労働に従事させられている子ども、虐待の被害に遭っている子ども、大規模な自然災害の被害に遭った子どもの七つ。支援した国は、最初がカンボジア、フィリピン、ベトナムで、後にインドネシア、インド、パキスタン、東ティモール、ヨルダン、バングラデシュ、ビルマ(ミャンマー)と広がった。

設立のきっかけとなったレポーター派遣のプログラムは、現在は「友情のレポーター」として、一一〜一六歳を対象に継続されている。これまでに四〇名以上をアジア各国へ派遣してきた。派遣された子どもたちは、現地取材を通じて相互理解を深め、帰国後はさまざまな形で報告する。その帰国レポートをもとに、取材過程から現地の様子までを一本の映像にまとめ、全国の学校に無料で貸し出したり、インターネットで公開している。

その影響は大きく、単にレポーター個人の経験にとどまってはいない。たとえば二〇〇三年の夏休みにカンボジアを取材した山梨県の丹沢慶太くん(当時一三歳)が帰国後、学校で発表やパネル展示を行なったことによって、学年全体で「友情の五円玉キャンペーン」に取り組み、アジアの子どもたちに善意を届けている。彼は高校生となったいまも、文化祭でパネル展示や募金活動に取り組んでいるという。

また、〇二年の春休みにカンボジアを取材した京都府の四方香菜《しかたかな》さん（当時一三歳）の学年主任をしていた亀岡市立詳徳中学校の八木三鶴《みつる》先生は、以後毎年、学校をあげて「友情の五円玉キャンペーン」に取り組むとともに、文房具などを集めてカンボジアまで送った。異動になった亀岡中学校においても、引き続き生徒を巻き込んで支援を続けている。

若者の家の活動に助成して努力の機会を提供

国境なき子どもたちが海外で行う中心的な支援活動に、「若者の家」事業がある。

一九九〇年代後半のベトナムやカンボジアでは多くのＮＧＯや国際組織が支援を行い、小学校高学年ぐらいまでの恵まれない子どもを受け入れる施設はたくさんあった。ところが、一四〜一五歳になると、新しい子どもを受け入れるために施設を出なければならない。そうした子どもたちが路上生活に戻ったり、犯罪に巻き込まれるケースが見られたという。

そこで、一四〜二〇歳前後の子どもたちの生活の場として、また「もっと勉強したい」という子どもへの教育支援や、将来の自立に必要な職業訓練の提供を目的として、カンボジア、ベトナム、フィリピンで長期的な支援活動を始めた。それが若者の家の建設事業である。

若者の家・プノンペンから大学に通ったテオン君

ぐらんは、若者の家・プノンペンへ二〇〇四年と〇五年に合計一〇〇万円を助成した。カンボジアは長い内乱の影響で共同体が破壊され、出生登録がされていないストリートチルドレンも多い。貧しい子どもたちは早期の経済的自立を求められ、高等教育を受けるチャンスはほとんどない。そうしたなかで、若者の家の活動は多くの子どもたちの希望になっているという。

若者の家・プノンペンでは、施設から移ってきた子どもや人身売買の被害に遭った子どもが生活し、学校や職業訓練に通う。たとえばテオン君（仮名）は、両親を地雷で亡くし、兄と二人だけが残された。自分からやって来た彼は非常にがんばって勉強し、あまり例がないケースだが大学まで行き、就職もできた。

「そうしたよい結果も、もちろんあります。ただ、とても大きかったのは、いただいた助成金で行なった自立に向けた支援によって、ストリートチルドレンがもっとも手に入れにくい、将来に向けて努力する機会を、多くの子どもたちがもてたことです」（スタッフの松浦ちはるさん（一

九七三年生まれ）

若者の家のような教育支援は、短期間で結果を出したり成果を数字で表すのはむずかしい。長期にわたる継続的な支援によって少しずつストリートチルドレンの状況が好転する、いわば子育てのような性質をもつ。したがって、助成する側も、短期的な結果を期待するのではなく、その後の経緯について関心をもち続けていくべきだろう。

〇五年度にはカンボジアのバッタンバンに敷地を購入し、新たな若者の家を建設した。若者の家・男子と若者の家・女子に加えて、職業訓練施設を併設し、オリジナルな職業訓練を行うなど、安定した支援を展開しているという。現在では、製造した織物などをフェアトレードによって日本で販売する試みへ発展しつつある。

大規模災害後の緊急支援と中・長期的支援

国境なき子どもたちの活動の一つの転機が、二〇〇四年の暮れに訪れた。それはスマトラ島沖地震とインド洋大津波の発生である。

それまでは、困難な状況にある子どもに対して若者の家のような長期的支援を行なってきたが、この未曾有の被害に対して何ができるかをスタッフ間で議論。その結果、大規模な自然災害の被害に遭った子どもや騒乱・紛争の被害に遭った子どもへの支援に、新たなミッションとして取り組むこととなった。

そして、津波の被災地であるインド、インドネシア、タイで被災した子どもの支援を開始し、さらにパキスタン北部の大地震、東ティモールの紛争、ヨルダンのイラク避難民、バングラデシュやビルマのサイクロン被災地の子どものための支援を行なっている。これらの支援は現地のパートナー団体と行う。タイとインドネシアの津波被災地では、緊急支援終了後に通常支援を現地パートナー団体へ引き継いで終了したという。

「NGOの活動は、私たちのような外国人が現地に入っての支援から始まりますが、いつまでも外国人が現地にいるのではなく、いつかはその場から撤退して現地の人たちのみで活動を続けていけることをめざしています。そのためにも、現地スタッフの教育に力を入れてきました。スキルアップだけでなく、資金面でも他国にばかり頼らなくてよいように、現地でのファンドレイジングにも力を入れています」（スタッフの清水匡《きょう》さん（一九七〇年生まれ））

このように活動が広がっていくなかで、設立一〇年後の〇七年にはフィリピンとカンボジアで現地法人KnKネットワーク・フィリピンとKnKネットワーク・カンボジアを設立した。また、日本ではフェアトレードによる支援を行うためのKO&Co.合同会社を設立するなど、大きく発展している。

共に成長するために

国境なき子どもたちは、大規模な団体ではない。にもかかわらず、ここまでの支援ができる理由の一つに、高い専門性をもつ日本側のスタッフと、「共に成長する」ことも目的にした海外派遣員の位置づけの違いがある。

日本側のスタッフが継続的に雇用されるのに対して、海外派遣員は支援対象ごとに募集され、期間もそれほど長くない。募集の対象は「社会人を二年以上経験し、言語などの適性面で問題のない若者」で、比較的ハードルが低い。これは「海外援助の最初の一歩」を経験してほしいという意図に基づいている。そこにはもちろん、経験豊富な日本側スタッフによるさまざまなバックアップがある。「共に成長する」対象には、海外と日本の子どもたち、そして海外支援活動に関心のある日本の若者も含まれているのだ。

スタッフの金珠理《きむじゅり》さん（一九七二年生まれ）は、日本の一〇代の若者に「自分に何ができるのだろうか」と聞かれることが多い。そんなとき、「いろいろなことを知る努力をしてみてください。知ることで可能性が開けていきます」と答えるという。

アジアの恵まれない子どもたちを教育面と生活面でサポートし、日本と現地の子どもたち同士の関係性を育んでいく、国境なき子どもたちの活動。それは、一方通行の支援ではない、子どもを中心とした未来に向けた活動であるという点で、非常に貴重ではないだろうか。

(3) NGO TECH JAPAN

インド洋大津波とTECH JAPAN

ＴＥＣＨ ＪＡＰＡＮは幼い難民を考える会や国境なき子どもたちとは違い、設立されて間もないＮＧＯである。その活動は、東京在住のスリランカ人記者である角地《かくち》スベンドリニさん（一九五二年生まれ）と、二〇〇四年一二月に起こったスマトラ島沖地震によるインド洋大津波の際にスリランカにいっしょに旅行していたご主人を亡くした池橋みね子さん（一九六二年生まれ）を中心に始まった。

スリランカではこの津波によって三万人以上が死亡し、多くの人びとが家族や家や職業を失った。一方で、多数派で仏教徒中心のシンハラ人と、少数派でヒンズー教徒を中心とするタミル人の間の民族紛争が二〇年間にわたって続いている。この内戦で荒廃していた北東部は津波によってさらに大きな打撃を受け、復興もあまり進んでいない。

そのような状況に対して、当事者でもある二人が「教育を受ける機会がなく、経済的な自立がむずかしい女性や子どもたちを支援し、生計を助けられないだろうか」「長期的な視野に立って支援を続けなければならないのではないだろうか」と考えて始めた活動が、ＴＥＣＨ ＪＡＰ

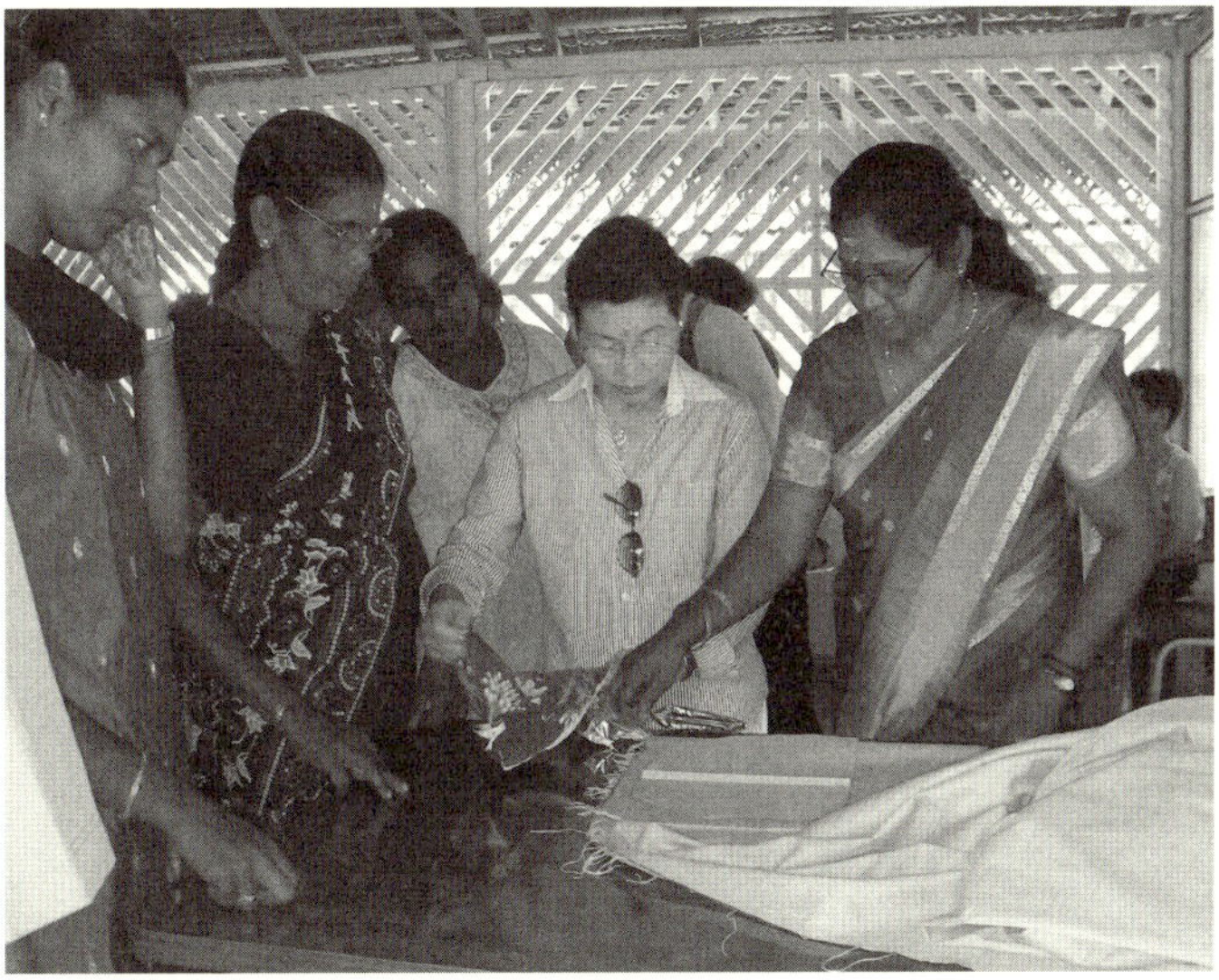

自分自身で生計を立てるために裁縫センターで技術を学ぶ女性たち

ANである。

TECHはThe Economic Consultancy Houseの略称。直訳すると経済支援団体だが、「人びとの経済的自立を促す専門家集団」と位置づけられている。スリランカの医師やソーシャルワーカーなどの専門家によって運営され、津波で大きな被害を受けた北東部で復興事業を行うNGOだ。TECH JAPANは地域の特性や能力などを知り尽くした彼らと連携して、現地で活動している。

三つの現地プロジェクト

TECH JAPANは、女性たちが生計を立てる技術を学ぶ裁縫センター、仕事をする間に子どもを預けられるデイケア・セ

図4　TECH JAPANの活動地域

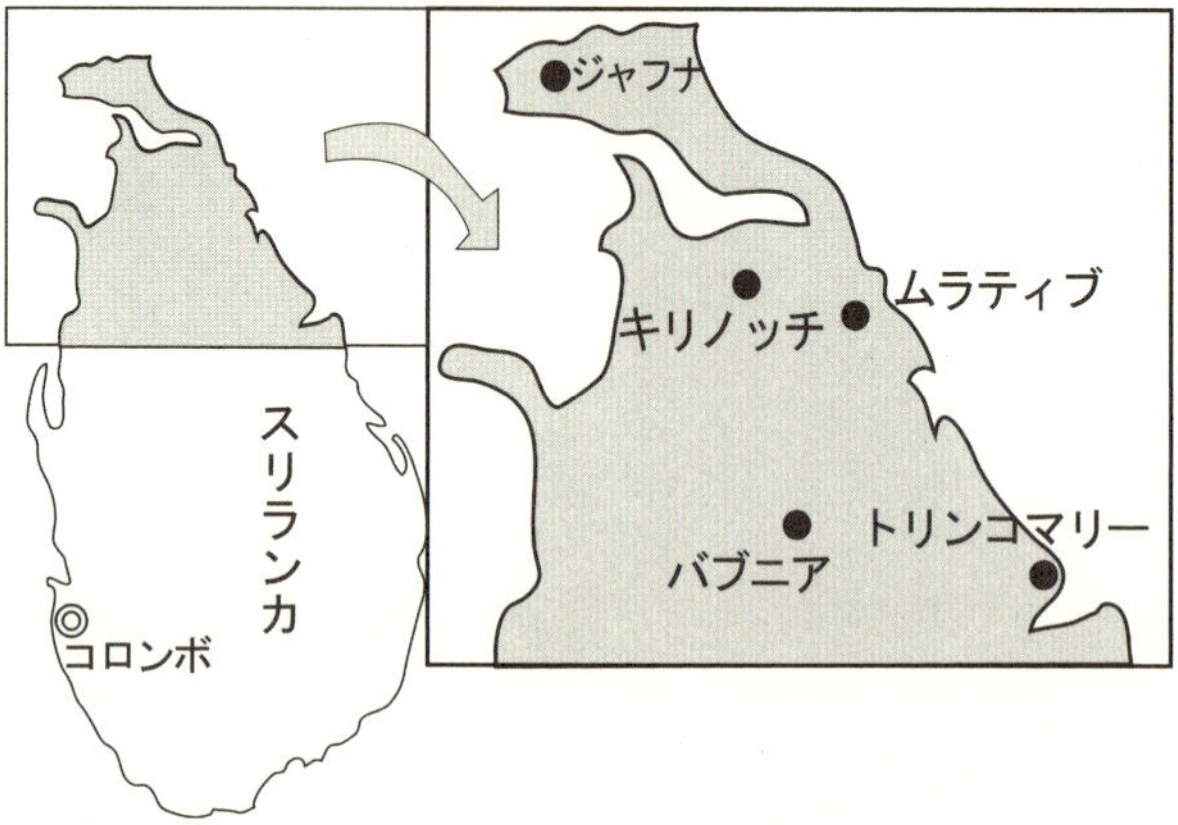

ンター（保育園）、教育を促進する図書館という、三つの現地プロジェクトを行なっている。

裁縫センターは、女性が自宅の近くで縫製技術を学べる場である。技術を身につけ、終了後に仕事を見つけて経済的に自立すること、裁縫から派生する仕事を考えて周囲に普及することを目的としている。

二〇〇七年にはムラティブで第一期の卒業生を送り出した。卒業生の九割が関連した仕事に就き、月に四〇〇〇～五〇〇〇〇円の現金収入を得ているという。三人の成績優秀者は自分の店をもったそうだ。裁縫センターで指導者になった卒業生もいるという。

現在のスリランカ北東部では内戦が激化し、ますます失業者が増えており、ここで学びたい女性は多い。そこで内戦を避けて難民が集まるバブニアに、二番目の裁縫センターを〇七年八月に開いた。その後、北部のキリノッチと北東部のトリンコマリーに、三・四番目の裁縫センターを開設した。また、日本から指導者を派遣し、現地女性とのワークショップを開くとともに、日本からのオーダーにも応じている。

保育園は、大津波以前から池橋さんとご主人が支援を話し合っていたプロジェクトだった。スリランカ北東部では、母親も働きに出なければならない家庭が多く、安心して子どもを預けられる施設が必要である。また、一二～一三歳の少女が幼い弟妹の面倒を見るために学業をあきらめる例が多い。さらに、子どもたちの栄養状態を改善するためにも、バランスの取れた食事を毎日取れる保育園が必要だった。

そして〇六年一二月二六日、津波二周年の日に三四名の子どもを迎えて、ムラティブにワイマント記念教育センターが開園する。傍ら、保育園児(六歳までの子どもたち)の栄養補給プログラムとして、フォスター・ペアレントシステム(里親制度)を確立した。日本の三四名の支援者に三四名の子どもの里親になってもらい、保育と栄養の両面で支えるのである。

図書館プロジェクトは、働くチャンスや学ぶ材料のない状況のもとで、技術の本やコンピュータなどの機材を提供して、必要な技術を身につけたり情報を得る機会をつくることを目的に開始された。キリノッチにあるＴＥＣＨ本部の建物の一角に仕切りを設けて開設。内戦によって多くの本が失われたため、英語やタミル語のＩＴ関連や建築技術、漁業技術に関する本を購入し、生活するうえでのスキルを身につけることを優先している。

スタート時の市民団体を支援する意味

ＴＥＣＨ ＪＡＰＡＮに対して助成する際に、ぐらんには賛否両論があった。その理由は、助成金の申請目的の中心が新たに開設する日本事務所の家賃だったからだ。当時のＴＥＣＨ ＪＡＰＡＮは、現地で活動を展開するうちに多くの賛同者が現れ、事業の幅が広がっていた。ところが、日本に事務所がなく、さまざまな弊害が生じていたのである。

ぐらんでは、活動が有益で社会性が高ければ、助成金の使途はできるだけ自由にしてきた。とはいえ、事務所費に二年間の助成金のほぼすべてが使われるというケースは、それまでにない。そこで、助成が終わった二年後の家賃支払いの見通しはあるのか、助成金は困っているアジアの人たちに使ってもらうべきではないかなどの議論を重ねた結果、助成を決定した。

その理由は、次の四つである。第一に、当事者性と緊急性が強く、継続して活動する強い意思がある。第二に、ＮＧＯの創設期の支援にはこのような助成の方法もあっていい。第三に、専門性や現地とのネットワークなど事業の遂行能力が高い。第四に、人間性に信頼がおける。

助成後の日本側での活動における効果を紹介しよう。

①事務所を借りたことで活動拠点が定まり、外部に住所を示せるようになった。

②喫茶店などで行なっていた運営委員会や理事会を事務所で行うので、定期的なプロジェクトの進行や事務局の運営が可能となった。

③会員の家や会社にバラバラに置いてあった書類や寄付品を事務所に保管したので、公開性と安定性が確立された。
④インターン生二名の受け入れが可能になった。
⑤スリランカの紛争と女性への影響の学習会、新潟中越地震の支援をしている災害救援ボランティアによる勉強会などを事務所で開けるようになり、ミーティングや勉強会をとおした日本国内でのネットワークづくりに役立ち、活動が広がった。
⑥安定した基盤ができたために事務機器が順番にそろい、対応が早くなり、現地プロジェクトに力を注げるようになった。

事務局長の尾崎明子さん(一九六〇年生まれ)は、今回の助成について、次のように語っている。

「二年間の助成金は、スリランカ北東部で三つのプロジェクトを動かすために必要な活動拠点である東京事務所の費用と、運営にかかる諸経費に使いました。一般的なNGOなら、事務所をもつのは当たり前かもしれませんが、私たちにとってはとても大きなことだったのです。今回、助成をいただいたお陰で団体の基盤が確立し、現地プロジェクトに力を注げるようになりました。その結果、各プロジェクトがめざましい進展をとげています」

現在の活動

スリランカでは独立をめざす反政府組織と政府との間で合意されていた停戦の取り決めが二〇〇八年に破棄され、混乱が続いている。裁縫センターや保育園のあるムラティブも爆撃された。支援先は無事だったが、現地での活動を計画どおりに行うのがむずかしくなっている。事務所を引き上げるNGOも増え、北東部で活動を続ける日本のNGOはTECH JAPANのみとなった。

しかし、TECH JAPANでは、こうした状況を日本の支援者へ正しく伝えるためにも、東京事務所の機能を有効に利用しつつ、爆撃によって被害を受けていない地域への裁縫センター建設を決定するなど、あきらめずに活動する決意を固めている。津波と内戦によって日常生活が脅かされた女性と子どもを見捨てない支援が、多くの人びとの生きる希望となっているからだ。

今後の課題は、裁縫センターの拡充に加えて、そこでつくられた製品をフェアトレードで販売する体制の整備と、現地と日本の女性による「戦争と女性」というテーマでの国境を越えた交流である。津波と内戦によって傷ついた女性や子どもの支援を草の根レベルで行うTECH JAPANの活動について、角地さんの言葉が印象的だった。

「建物や機械は、いずれ古くなって壊れてしまうけれど、心の交流や文化の交流は、人びとの心に残って一生消えないと思っています」

決して余裕がある状況で始めたわけではないＴＥＣＨ　ＪＡＰＡＮの活動は、その必然性とメンバーの熱意、スキルの高さ、共感力の強さなどによって、今後も続いていくだろう。こうした団体の草創期を応援し、ＴＥＣＨ　ＪＡＰＡＮを通じて現地の人たちへの支援ができたのは、ぐらんにとって非常に名誉なことだと考えている。

3　二〇〇四〜〇七年度の申請から見た助成の特徴

都内草の根助成の申請内訳

合計で二五件の活動分野の内訳は、環境が五件、子育て・人権・障がい者支援が各四件、子ども支援が三件、難病・引きこもり支援が各二件、高齢者・障がい者等支援が一件である（表6）。これまでの一三年間に助成してきた分野と大きな違いはない。

これを見て、高齢者に関する活動を中心とする団体が少ないと思われるかもしれない。それは社会的な問題がないからではない。問題が多いからこそ、支える制度が他の分野に比べて進んでいて、介護保険制度などによる収入源が存在するからであろう。その意味では、社会に必要とされていても充分な制度のない分野や、社会的にはっきりとした問題と認知されていない分野に、ぐらんは助成してきたといえる。

助成金は、通常の活動運営に充てる団体が一一件、団体または新事業の開始に充てる団体が七件、両方に充てる団体が七件で、開始に関する助成が過半数を占めている。通常の活動運営でも、事業の新規展開のために利用しているケースがある。これは、ぐらんが「草の根の団体と共に育っていく」という意思のもと、実績がなくても可能性があると思える団体を選んできたためだろう。団体や事業の開始時期に助成すると決めているわけではない。ただし、最終的に選ばれたものにそうした「未来が見える事業」が多いのは、ぐらんの特徴である。

申請内容は企画運営にかかわる費用、なかでも、その費用がなければ企画ができない場合を対象とすることが多い。たとえば、難病で外出が困難な人たちを連れた小旅行の一般化、子育てに関する問題を広くアピールするためのフォーラムの開催、フリーターなど法的に守られていない人たちへの法律相談などだ。

次に多いのが機材の購入で、この二つで半分以上を占めている。たとえば、里山の保全活動を行うために必要なチェーンソー、休耕田などを利用して菜種から油を搾る搾油機、トラックの購入、障がいのある子どもが安心して扱えてリハビリにも役立つ遊具の作製などである。

そのほかは、スタッフや有償ボランティア人件費の一部、事務所や活動場所の家賃補助、パンフレットやニュースレターなどの広報物の作成などだ。一件だけだが、建物の改修費用に使った例もある。ただし、建物の改修費用に助成した例は、これまでにあまりない。それは、改修費の多くは五〇万円では足りないし、もらえるかどうかわからない助成金を事業に必要な改修の頼りにすることはリスクが高いと考えたからだ。

ぐらんでは助成金の使途について、選考するメンバーが納得いく内容であれば、できるかぎり幅広く認めてきた。近年では他の基金・財団でも人件費への助成が増えてきたが、当初から

根助成申請の内訳

申請内容							
人件費		家賃		広報費		施設改装	
				11	ニュースレター		
		24	事務所費				
						50	改装費
40	スタッフ			10	広報		
				13	ニュースレター		
				3	広報		
15	スタッフ						
12	スタッフ			6	パンフレット		
20	スタッフ	30	家賃補助				
				7	広報		
4		2		6		1	

表6　2004～07年度の都内草の

活動分野	活動エリア	事業時期			申請額（万円）	申請内容			
		通常	開始	両方		企画運営		機材購入	
環境・保全	都内	○			50			39	チェーンソーなど
環境・調査	都内	○			45	45	調査費用		
環境・調査	都内	○			14			14	薬品など
環境・保全	全国			○	50	26	ワークショップなど		
環境・エネルギー	都内			○	42	25	講演会など	17	搾油機など
子育て	区市		○		50				
子育て	都内		○		50				
子育て	都内			○	46	33	シンポジウムなど		
子育て	都内			○	40	37	活動補助		
子ども・教育	首都圏	○			15			15	教材
子ども・教育	区市		○		25			25	教材
子ども・福祉	都内		○		47	32	活動補助		
人権	全国	○			50	50	相談、諸活動		
人権	都内	○			50			50	トラック
人権	都内	○			45	45	相談、セミナー		
人権	首都圏			○	50	32	活動補助		
難病支援	全国	○			50				
難病支援	区市			○	23	23	活動補助		
引きこもり	首都圏	○			50	50	活動補助		
引きこもり	都内		○		14	14	活動補助		
福祉・サービス	都内	○			45			45	活動機材
福祉・支援	都内	○			50			50	活動機材
福祉・支援	区市		○		45			45	机、パソコン
福祉・アドボカシー	都内		○		50	43	活動補助		
福祉・サービス	全国			○	50	20	活動補助	30	遊具作製
計		11	7	7		14		10	

表7　2004〜07年度のアジア草の根助成申請の内訳

活動分野	活動エリア	事業時期			申請内容					
		通常	開始	両方	申請額(万円)	企画運営	現地スタッフ	日本スタッフ	広報	東京経費
子ども、自立	カンボジア	○			50×2年	24	21		5	
子ども、教育復興	フィリピン	○			50×2年(予)	10		40		
子ども、人権	インド			○	50×2年	50				
女性、自立	スリランカ			○	50×2年					50
計						3	1	1	1	1

自由な使途を認めている基金・財団は少ない。これは、五〇万円という助成金は少額ではあるがＮＰＯには貴重なお金であり、透明性を確保したうえで一定の自由度があれば、さらに有効に使われるだろうと考えたからである。

アジア草の根助成の申請内容

アジア草の根助成は、二〇〇四年度から五〇万円の助成金を二年間継続して助成するプログラムに変えたこともあり、一年間に二団体あった助成が一団体となった。それゆえ、総数は四団体と少ない。

各団体の支援プログラムと支援国の状況によって内容はさまざまだが、貧困や災害で苦しんでいる子どもや女性を支援する団体への助成が多い。これは、ぐらんの寄付者に女性が圧倒的に多いという性質からくると思われる。対象は、幼い難民を考える会のように二八年間も活動している団体から、ＴＥＣＨ ＪＡＰＡＮのように活動を始めたばかりの団体まで含まれている。

表8　第2章で取り上げた団体の詳細

団体名	スタッフ数	ボランティア数	年間予算	おもな収入源	スタッフの月収	おもな活動場所
世界の子どもと手をつなぐ学生の会	6名(役員数)	約120名	約230万円	会費､助成金、寄付金、謝金	なし	荒川区、新宿区、練馬区、目黒区、八王子市、武蔵野市、横浜市鶴見区
PEACE	12名	12名(同左)	非公開	学校のワークショップ	なし	小学校、中学校、高等学校
エコメッセ	51名	約30名	6153万円	リユースショップの売り上げ、会費、寄付金	2万〜12万円	江戸川区、世田谷区、練馬区、目黒区、昭島市、多摩市、調布市、西東京市、八王子市
あうん	26名	なし	約6000万円	リサイクルショップ、引越し業など	15万〜18万円	23区中心
ViViD	3名	10名	約500万円	委託金、寄付金、会費、出版収入など	5万円程度	新宿区中心
グランマ富士見台	15名	約10名	1400万円	補助金、委託料、利用料	2万〜20万円	練馬区
幼い難民を考える会	東京5名カンボジア23名	参加型ボランティアプログラムなど約500名	約7100万円	寄付金･募金、事業収入、補助金など	—	カンボジア
国境なき子どもたち	10名	約200名	約1億3000万円	個人、企業、公的機関からの寄付	—	アジア10カ国(カンボジア、フィリピン、ベトナムなど)
TECH JAPAN	8名(内1人はインターン生)	8名	約500万円	個人、企業からの寄付、自主イベントの開催	なし	スリランカ北東部

(注)—は未回答。

また、「反差別国際運動」のように、国連との協議資格を取得して国連機関への働きかけを行なっている団体もある。

過去の申請団体を見ると、資金に余裕のある大きい団体には助成していないが、名前がよく知られているNGOからも申請があり、助成してきた。これは、NGOはプロジェクトごとに独立採算である場合が多く、金額は小さくとも使える幅の広いぐらんの助成金は使い勝手がよいということだろう。

助成を通じて、アジア諸国の問題を寄付者が身近に感じるきっかけになったとすれば、ぐらんのもつ大きな意義が発揮できたのではないだろうか。

第3章

日本の助成金制度と、ぐらんのオリジナリティ

牧田東一・高田幸詩朗

ここでは、ぐらんの助成制度について、日本の他の助成制度とどんな違いがあるのか比較していきたい。日本には、さまざまな助成の仕組みが存在している。それらは成り立ちや目的など多様であるが、一般によく知られているとは言えない。そこで、日本におけるおもな助成の仕組みについて最初に紹介したうえで、ぐらんとの違いを明らかにしていく。それをとおして、協同組合の理念をきわめて現代的に反映しながら、独自の仕組みとして発展させていったぐらんの価値やオリジナリティはどこにあるのかについて、説明しよう。

1　助成や寄付の仕組み

資金やサービスの無償での提供

助成とは、社会的に有益な活動に資金やサービスを無償で提供、配分することである。

近代の資本主義社会では、一部に経済的な余剰が生まれる。他方で、社会とって必要であるのに資金や資源が不足する部分やニーズが出てきたり、未来への投資として社会的に必要な研究や事業が生じる。家族や親族のような小さな集団であれば、資金や資源の余剰を必要な部分にまわす行為は比較的簡単に行えるが、近代社会のように巨大で複雑な集団では特別な制度や組織が必要だ。余剰資金・資源を必要な活動・事業にうまくまわしていくことは、社会の維持と発展にとって非常に重要な機能となる。

もっとも、こうした社会全体の資源再配分は助成のみを通じて行われているわけではない。政府が税金を徴収して行う公共サービスや公共事業、企業などが対価をとる形で提供する商品やサービスもまた、余剰資金・資源を必要なモノやサービスに充てる方法である。これらによって大半の需要は賄われている。

助成という行為が必要となる事例は、何らかの事情で、政府による無償の公共サービスや企業による有償の商品やサービスの提供ができない場合に生じると考えてよい。具体的には、政府であれば、ニーズが小さかったり不確実なために合意形成がむずかしく、税金を使うリスクが負担できない場合が考えられる。企業であれば、ニーズが社会的弱者のものであるために対価が期待できなかったり、あるいは単純にニーズに気づく企業がなかったりする場合もあるだろう。

助成にはもう一つ重要な特徴がある。それは、資金の流れからみて、資金提供者と事業実施者の間をつなぐ仲介行為ということである。無償での提供だから、資金や資源の提供者は寄付者（ドナー）となる。

資金提供（寄付）をしたい、してもいいという人びとには多様な思いや条件があり、一方で助成を受けたいと考えるＮＰＯや人びと（事業実施者）にも目的や組織の性格に大きな多様性がある。

そのベストマッチを自分で見い出すのは、両者にとって容易ではない。そこで、寄付者も事業実施者も納得する組み合わせと条件を見い出していくという、専門的機関による仲介すなわち助成行為が必要となる。

さらに、もう一つ助成の特徴として理解しておかなければならないことがある。それは、助成を受ける事業は実施者が主体的に行うものであり、そのために助成される資金やサービスは、その事業に必要な経費への部分的な支援であることが多いという点だ。

助成に似た用語に「委託」がある。委託は資金の出し手側が事業を実施しようとする主体で、資金の受け手(委託先)はいわばビジネスとしてそれを請け負う。この場合には、人件費なども含めて、必要経費にしばしば利益を上乗せして費用が支払われる。これに対して、助成は援助・支援としての性格をもっており、支援を受ける側の主体性・自立性が問われる一方で、事業から得られる名誉や権利も支援を受けた側に帰属する。

お金は稼ぐことより上手に使うほうがむずかしい

助成はきわめて多様である資金・資源の提供者(ドナー)と、同じように多様である助成の受け手を最適な方法と条件で結んでいこうとする行為なので、助成組織の性格、特徴や助成の方法はさまざまである。

寄付というと、お金を出せばすぐに問題が解決すると安易に考えがちだ。しかし、お金は稼ぐことより上手に使うほうがよりむずかしいといわれる。そのため、資金の目的、性格、ドナーが設定する条件に応じて、さまざまな助成組織と助成の方法がつくり出されてきた。たとえば、大災害が起きたときに寄付したいと考えても、寄付がうまく被災者に届くかどうか疑問に感じれば、思いとどまるだろう。助成の仕組みがうまく機能していなければ、資金提供をしたい人と支援が必要な人を結ぶことができず、多くの悲惨な状況が放置されるという最悪の事態が起こりうる。

このように助成の仕組みが非効率だったり、不適切であれば、助けられる人が少なくなったり、不十分になってしまう。普通に考える以上に、助成をうまく行うのはむずかしい。

2　日本のさまざまな助成

以下では、助成事業を分類し、どのような助成制度があるかについて説明する。[1] 初めに、助成と寄付を区別しておきたい。

前述のように、寄付者と受け手を結ぶ助成は仲介行為といえる。たとえば、ある企業が自らの資金を環境保護活動を行うＮＰＯに寄付した場合、助成とはいわない。一方、企業が店頭に募金箱を置いて顧客から募金を集め、そのNPOに資金提供した場合は、助成行為となる。この場合、寄付したのは顧客であり、企業は寄付者と受け手のNPOを仲介しているからである。

ここでは、助成を行う主体の種類によって分類して、さまざまな助成の仕組みを見ていきたい。主体は、国際機関、政府、地方自治体、公営ギャンブル系財団、企業、民間助成財団、公益信託、募金キャンペーン、市民ファンドに分けた。組織のカバーする範囲の広さを一応の目安として、順番に並べている。

公的なセクター・資金によって運営される助成

①国際機関

国連の専門機関（ユネスコ、ユニセフ、国連食糧計画、国連高等難民弁務官事務所など）や世界銀行、アジア開発銀行などの、一国の範囲を超えて地球規模の課題に取り組む機関である。日本ではこれらの機関から助成を受けることは少ないと思われるが、これらの機関に寄付をするケースは多い。

学校を中心に行われている「ユニセフ募金」は、日本で毎年約一七〇億円が集まる。そのうち一五〇億円程度が国連のユニセフ本部に送られ、世界の子どもたちのために使われている(2)。日本のユニセフへの寄付金規模は、世界最大である。世界的な災害、貧困、保健、感染症の治療や予防のために寄付をしたいと思えば、国連の専門機関に寄付するのが安全な方法だろう。国連機関が行う助成の受け手は開発途上国政府やNGOである。国連機関が自ら事業を行うことはめったになく、事業実施団体への助成か委託がほとんどになる。委託の場合には、入札によって受け手が決まる。日本のNGOが助成や委託を受ける場合もある。

②日本政府

政府の助成制度で大きな割合を占めるのは、研究開発資金援助である。二〇〇七年度の日本の研究開発費は一八・九兆円で、内訳は表9のとおりである。

表9　日本の研究開発への資金供給源

研究開発資金供給源	額（兆円）	割合（％）
日本政府・自治体	3.3	17.4
民間	15.5	82.2
外国	0.06	0.3

（出典）「平成20年総務省科学技術研究調査報告」。

政府の各省では、省が自ら、あるいは傘下の助成機関を通じて、この研究開発資金を実施機関に配分している。〇二年度のデータによると、一番多いのは文部科学省で、総額二兆二六五八億円。本省が二兆五八〇億円を直接配分し、助成機関である日本学術振興会と科学技術振興機構が残りの一一五二億円と九二六億円を配分している。そのほか、経済産業省が六〇一〇億円を支出し、本省は四〇九八億円で、新エネルギー・産業技術総合開発機構（NEDO）などの助成機関が一九一二億円を配分している。

研究開発資金の受け手は大学や研究所の研究者などだ。金額が非常に大きいのは、自然科学・技術開発の分野で高額の実験装置などを必要とするようになっているからである。こうした研究・開発は、科学の進歩や新しい技術開発などを通じて社会の発展を図っていく、未来への投資となる。今日では技術開発の進み具合が国際社会での経済的地位を決める要因となるため、先進国は競って資金を投じるようになった。

日本はアメリカに次いで世界で二番目に研究開発資金が多い。ところが、その割に先進的な発見や発明が少ないとされ、研究開発資金の配分方法に問題があるのではないかといわれてきた。たとえば、審査が学会の重鎮を中心に行われるために無名の人が得にくい、委員会方式による平均点審査のため無難な計画が通りやすく、ユニークな研究が助成を受けにくいなどだ。近年、助成金配分の専門職であるプログラム・オフィサー（専任評価官）制度が導入された背景には、こうした危機感がある。

研究や教育、学術の分野とならんで、助成金になじみやすいと思われるのは、社会福祉や社会事業の分野である。しかし、日本政府が社会福祉事業などを行う民間団体に助成金を支出するのは、意外にも日本国憲法第八九条（公の財産の支出又は利用の制限）で禁じられている。

「公金その他の公の財産は、宗教上の組織若しくは団体の使用、便益若しくは維持のため、又は公の支配に属しない慈善、教育若しくは博愛の事業に対し、これを支出し、又はその利用に供してはならない」

これは、第二次世界大戦中の大政翼賛会のように民間団体が自主性を失って政府に取り込まれてしまうことを恐れて、占領中に連合軍総司令部（ＧＨＱ）が社会福祉事業を含む民間団体への公金の支出を禁止し、憲法にも盛り込んだためといわれている。こうして、民間の社会福祉や教育、芸術文化などの活動へは政府が直接助成金を出せなくなった。

このため、政府が民間団体に助成金を出す場合には、政府から直接ではなく、政府が特別の法律でつくった特殊法人を通じることが多い。これらの特殊法人は行政改革のなかで独立行政法人と呼ばれるようになったが、基本的な仕組みは変わらない。

助成機能をもった独立行政法人には、総合研究開発機構、国際交流基金、日本芸術文化振興会、日本スポーツ振興センター、福祉医療機構、環境再生保全機構などがある。これらは自ら事業を行うと同時に、シンクタンクなどの研究活動、国際交流事業、芸術活動、スポーツ、福祉医療関係事業、環境保護活動などの分野の民間事業に助成金を出している。これらの組織は理念的には官民共同の出資となっているが、多くは実質的に政府予算で運営されており、政府の助成機関といってもよいと思われる。

③地方自治体

地方自治体にも、自ら、あるいは財団法人や特殊法人の形態をとって助成を行う助成機関がある。たとえば、大阪府育英会や沖縄県国際交流・人材育成財団は、奨学金を支給したり、国際交流や国際協力のNGO／NPOへ助成金を提供したりしている。

国際交流・協力の分野では、東京都がつくった東京国際交流財団が国際協力NGOや交流団体に助成金を出していた（その後、助成事業は東京都自ら行なっている）。助成規模は当初二〇〇〇万～三〇〇〇万円とかなり大規模だったが、財政難でしだいに縮小されている。〇八年度からは、都内に住む留学生や外国人支援のNPOへの助成に変わった。

神奈川県は財団法人の神奈川県国際交流協会に民際協力基金という官民拠出の基金をつくり、県内にあるNGOの国際協力活動に対する助成を長く行なってきた。組織の改編で名称がかながわ国際交流財団になったが、助成事業は継続されている。

近年では、NPO支援が地方自治体にとっても重要な課題となってきた。そこで、NPO法人をはじめとする市民活動団体を支援するためにさまざまな基金が設けられ、行政とは独立して財団法人や後述する公益信託制度などを活用して助成金支給が行われている。(3) たとえば、千代田まちづくりサポート（東京都千代田区）、NPO支援基金（東京都杉並区）、かながわボランタリー活動推進基金21、ひらつか市民活動ファンド（神奈川県平塚市）、新しい公共を創造する市民活動推進基金（神奈川県大和市）、おうみＮＰＯ活動基金（滋賀県）、池田市公益活動助成金（大阪府池田市）、みのお山麓保全ファンド（大阪府箕面市）、ひょうごボランタリー基金（兵庫県）などである。

④公営ギャンブル系財団

あまり知られていないが、日本の非常に大きな助成組織は公営ギャンブル系財団である。日本で認められているギャンブルは宝くじ、サッカーくじ、競馬、競輪、オートレース、競艇で、これらはすべて法律で定められた特別の組織あるいは地方自治体が主催し、その売り上げの一部が国庫あるいは地方自治体に納付される。そのさらに一部が、公営ギャンブル系財団を通じて大規模に民間団体への助成に使われている。公営ギャンブルの金額は巨大であるため、これらの公営ギャンブル系助成財団も日本有数の規模であり、国際的にみても非常に大きい。

最大なのは、競艇の売り上げの一部を助成にまわしている日本財団（日本船舶振興会）である。売り上げの二五％が地方自治体に入り、その三・三％が日本財団にまわされて、公益・福祉事業、ボランティア支援事業、海外協力援助事業などに使われている。競艇の売り上げは近年かなり減少しているが、それでも二〇〇七年度の日本財団の事業費総額は二五二億円で、公益・ボランティア一〇八億二〇〇〇万円、海洋関係一〇七億八〇〇〇万円、国際協力三六億五〇〇〇万円と、他を圧する助成規模である。

競馬は日本中央競馬会が運営し、地方競馬は地方自治体が運営する。中央競馬会の場合、〇五年度の売り上げは二兆九〇〇〇億円で、一〇％が国庫に納付され、その二五％は社会福祉事業に充当することになっている。競輪では日本自転車振興会、オートレースでは日本小型自動車振興会が、それぞれ民間への助成事業を行なってきた。両者とも機械工業振興と公益事業の両方への助成を行い、公益事業予算の規模は前者が約一一〇億円、後者が約一〇億円である。

宝くじは売り上げの三九・八％が地方自治体に納付され、教育施設、道路、橋梁、公営住宅、社会福祉施設などに使われている。サッカーくじ（toto）は近年売り上げが伸び悩んで廃止もささやかれていたが、〇七年度は売り上げが大きく伸びた。売上金の五〇％は当籤払戻金になり、その残りから経費を引いた三分の一ずつが、地方自治体など、国庫、スポーツ団体への助成に使われている。

企業や民間財団・信託銀行などによって運営される助成

①企業

企業が社会的に有意義な活動に資金や資源を提供する内容や方法は、実に多岐にわたっている。研究開発の資金提供の面では政府を圧倒する規模であることは、表9（一三一ページ）に示したとおりである。

これは企業自身の利益追求が目的であり、必ずしも公益とは言えないかもしれない。とはいえ、その研究開発の成果が将来的に新しい製品やサービスとなって、社会に利益をもたらすことも期待できる。他方で、企業活動が環境悪化につながったり、児童労働などの問題を引き起こす場合もあり、そうした面での企業倫理の確立も求められている。

また、企業はさまざまな活動に対して直接的に寄付を行う。寄付の範囲は広く、政治的目的をもった政党への寄付、工場などがある地元への寄付（祭りや学校行事など）、NPOなどへの寄付が行われている。近年、大半の企業が社会貢献活動（CSR）を行うようになった。なかには企業の利益とは直接結びつかない社会的意義のある寄付もあるが、その多くは企業のイメージアップなど何らかの形で企業利益に結びつくことが期待されているといえるだろう。だからといって悪いわけではない。寄付にはさまざまな動機があり、しかも複数の動機によって行われることもしばしばである。

本書では前述したように寄付と助成を分けて考えているので、寄付活動には深くふれない。企業が従業員や顧客から寄付を集めて助成する活動を取りあげる。

企業が従業員に寄付を奨励する募金キャンペーンには、富士ゼロックスの「端数倶楽部」、三井住友海上グループの「スマイルハートクラブ」、沖電気の「OKI愛の一〇〇円募金」、花王の「ハートポケット倶楽部」、朝日生命保険の「朝日の月」醵金、三菱電機の「SOCIO-ROOTS

（ソシオルーツ）基金」、日産自動車の「日産ボランティア活動資金支援制度（マッチングギフト）」など、さまざまな形がある[4]。各企業では、従業員の寄付を奨励するだけでなく、企業自身が追加の寄付を出すなどの工夫もしている。

企業が顧客から寄付金を集めて助成する仕組みには、非常に大規模に国際協力ＮＧＯに資金を助成してきた、郵便局による国際ボランティア貯金がある。民営化によって現在では過去の受け入れ資金の提供だけになったが、二〇〇一年度には加入者が二六二七万人に達していた、国民的な寄付制度といえる。助成は国際協力ＮＧＯに限られ、一九九五年度のピーク時には二八億一〇〇〇万円にまで増え、日本の国際協力ＮＧＯを支える財源になっていた。〇五年度に八六〇三万円に減少したのは、低金利のためである。

そのほか一般企業のものに、イオンの「幸せの黄色いレシートキャンペーン」、ダイドードリンコの「緑の募金自販機」、ＮＩＣＯＳカード、セブン‐イレブンみどりの基金、フェリシモの森の基金、地球村の基金などがある[5]。

②民間財団

自ら事業を行う事業財団と、助成をおもに行う助成財団があり、両方を行う場合もある。ここでは、助成をおもに行う助成財団を取りあげる。

日本には非常に多くの財団が存在している。約二万五〇〇〇の公益法人[6]があり、社団法人と財団法人が半分ずつを占める。そのなかに、二〇〇〇～四〇〇〇の助成財団が含まれていると考えられる。ただし、休眠状態の財団も存在すると思われ、詳細な実態はわからない。

二〇〇六年に成立した公益法人制度改革関連三法案(①一般社団法人及び一般財団法人に関する法律、②公益社団法人及び公益財団法人の認定等に関する法律、③一般社団法人及び一般財団法人に関する法律及び公益社団法人及び公益財団法人の認定等に関する法律の施行に伴う関係法律の整備等に関する法律)によって、既存の財団・社団は五年以内に新たに法人格を取り直すことが求められた。これによって、民法で認可されていた財団は明確に把握されるようになると考えられる。

現在はっきり内容がわかっているのは、助成財団センターの〇六年度のアンケート調査に応じた一〇四七団体である。それらの分析によると、財団の設立にあたって基本財産となる資産の提供者は、戦前は個人が半数を越え、戦後は一九七〇年代までは企業と個人が三〇％前後で拮抗し、八〇年代になると地方自治体による設立が増えている[7]。日本で助成財団というと、どうしても企業名を冠した企業財団が目につく。しかし、規模の点を除けば、実際には個人が資産を投じてつくった個人財団も意外に多い。

助成財団の全体の規模をみると、前述の調査に答えた六四四財団の資産合計は約一兆五〇二〇億円である。そのうち、資産規模一〇億円未満の小規模財団が四八％を占めている。ちなみ

表 10　日本の資産総額上位 20 財団（2005 年度決算、単位：億円）

財団名	資産総額	年　間助成額	設立年	主務官庁
1　笹川平和財団	818.72	3.98	1986	国土交通省
2　稲盛財団	678.87	2.00	1984	文部科学省、経済産業省
3　平和中島財団	525.69	5.67	1992	文部科学省
4　微生物科学研究会	395.47	0.07	1958	文部科学省、厚生労働省
5　トヨタ財団	295.43	4.17	1974	総務省
6　河川環境管理財団	287.20	4.68	1975	国土交通省、経済産業省
7　電通育英会	213.79	2.10	1964	文部科学省
8　住友財団	200.15	3.45	1991	総務省
9　三菱財団	197.86	4.55	1969	文部科学省、厚生労働省
10　車両競技公益資金記念財団	165.56	16.08	1975	経済産業省
11　吉田秀雄記念事業財団	146.30	0.31	1965	文部科学省
12　新技術振興渡辺記念会	145.06	0.93	1982	文部科学省
13　放送文化基金	126.60	0.85	1974	総務省
14　旭硝子財団	119.95	3.40	1934	経済産業省
15　木口ひょうご地域振興財団	117.51	0.72	1998	兵庫県
16　ニッセイ財団	116.62	2.52	1979	総務省
17　木下記念事業団	116.55	0.90	1975	兵庫県
18　吉田育英会	106.20	3.01	1967	文部科学省
19　地球環境産業技術研究機構	104.38	4.65	1990	経済産業省
20　国際花と緑の博覧会記念協会	102.11	0.50	1991	農林水産省、国土交通省
	4,980.02	64.55		

（出典）湯瀬秀行「助成財団の現状」助成財団センター編『民間助成イノベーション』松籟社、2007 年、242 ページ。

表11　助成事業の形態の分類

項目	分類	内　容
助成	研究	研究費の助成
	派遣	研究留学、学会参加など海外派遣に対する助成
	招聘	外国人の日本への招聘に対する助成
	会議	会議・集会の開催に対する助成
	出版	出版および出版を目的とした編集・翻訳への助成
	展示	演奏会、演劇公演、作品展示などに対する助成
	事業	特定のプロジェクト、プログラムへの助成
	組織	団体の一般目的、または事業のための資金援助
	施設	施設などの建設、修繕援助、物品供与、図書寄贈、施設寄贈
奨学		日本人に対する奨学金(国内)
		日本人に対する奨学金(海外留学)
		外国人に対する奨学金
表彰		優れた成果に対する褒賞・表彰事業
その他		上記以外の事業
不特定		多くのタイプを含み、特定がむずかしいもの。タイプを特定していない

(出典) 前掲『民間助成イノベーション』253ページ(筆者が一部変更した)。

に、表10は資産総額上位二〇の財団のリストである。

次に助成の内容を見てみたい。この分類は、助成財団に限らず、すべての助成に適用可能と考えていいと思われる。助成財団センターでは、助成内容を助成事業の形態と事業分野に分けている。

形態は、助成、奨学、表彰の三つに大きく分けられ、さらにそれらを細かく一五項目に分類している(表11)。事業の分類は一一項目である(表12)。これらを見ると、非常に幅広い分野に、さまざまな形態の

表12　事業分野の分類

分　野	内　　　容
科学技術	科学技術全般、理工学、生化学、生命科学
人文社会	人文科学全般、社会科学全般
医療保健	医療、公衆衛生、精神衛生、医学・薬学などの研究、特定の疾病対策
環境	環境問題、環境保護
教育	学校教育・成人教育などの支援、教育研究、図書館支援、奨学金
福祉	社会福祉、高齢者問題、社会問題、社会開発、スポーツ・レクリエーション、青少年の健全育成、災害支援
文化芸術	文化の保存・振興・交流、芸術諸活動
国際	国際交流、開発教育、国際協力、NGO支援
公共	ボランティア活動の推進、人権保護、公共政策、都市計画
その他	上記以外の分野
不特定	多くの分野を含み、分野の特定がむずかしい、あるいは特定されていない

（出典）前掲『民間助成イノベーション』255ページ(筆者が一部変更した)。

助成が行われていることがわかる。

ここで、複数の寄付者が一つの目的のために基金を出していくタイプの助成財団を紹介しておきたい。その典型は大阪コミュニティ財団である。これは大阪商工会議所の佐治敬三会頭(当時)が会員企業の社会貢献の仕組みとして提唱したもので、アメリカのコミュニティ財団を参考に、一九九一年に設立された。基本財産は大阪商工会議所が拠出し、大阪府と大阪市がそれぞれ二五〇〇万円ずつ財団運営のための基金を拠出。社会貢献を志す企業や個人からの寄付財産をもとに基金を設けて、その運用益で寄付者が希望する目的のために助成事業を行なってきた。

〇六年一一月までの受け入れ基金数は

一六五基金で、一七億六五三〇万円の基金寄付を受け、〇五年度の助成は七七件、三九五〇万円にのぼる。アメリカには特定地域にしぼって多数の寄付者が集まってつくるこのようなコミュニティ財団が多く存在する。しかし、日本ではこの大阪コミュニティ財団に続く財団が生まれていない。

複数の寄付者による基金の集合としての財団としては、このほかに日本心臓財団とロータリー米山記念奨学会がある。前者は心臓血管病の研究・予防のために関連企業が複数基金を設けたもので、後者はロータリークラブの合同事業となっている。

③公益信託

公益信託とは信託契約の一種で、個人や企業などの委託者が拠出した財産を信託銀行が受託して、定められた公益目的にしたがって財産を管理・運用し、不特定多数のために役立てようとする制度である。財団法人に比べて比較的小規模の財産でも弾力的かつ効果的に運用できることや、信託銀行が財産管理してくれるために、少ないコストで手軽に社会貢献ができるという特徴をもつ。

二〇〇八年九月現在で、件数は五五二件、信託財産残高は六九三億円である。制度の特徴から助成財団に比べると規模は小さいが、それでも累計助成件数は〇六年度末までで一〇万五六五一件、助成金累計は四〇二億円になっている。

有力な公益信託には、国際協力を行うアジア・コミュニティ・トラスト、環境庁設立二〇周年記念でつくられた地球環境日本基金、経団連がつくった日本経団連自然保護基金などがある。また、企業がつくった公益信託には、富士フィルム・グリーン・ファンド、**TaKaRa** ハーモニストファンド、大成建設自然・歴史環境基金、P&Gと積水ハウスの神戸まちづくり六甲アイランド基金などがある。(8)

市民の資金や運営による助成

①募金キャンペーン

募金というと、赤い羽根共同募金を誰でも思いつく。これは、戦後に政府からの助成金が禁じられて窮地にたった社会事業団体の財源確保のために始まったものである。GHQの示唆で一九四七年に社会事業共同募金中央委員会が発足し、同年に一カ月間四一都道府県で「第一回・国民たすけあい行動募金運動」として行われ、以後、毎年実施されている。(9)

赤い羽根は第二回から用いられた。一九五一年に社会福祉事業法が制定されて、社会福祉法人の制度と社会福祉協議会がつくられ、共同募金は社会福祉法人の財政を担う恒常的な活動になる。共同募金は九五年に二六五億円を集めてピークを迎えた後はやや低迷し、二〇〇七年度は二一三億円である。

一九四七年から始まった国土緑化運動の母体である国土緑化推進委員会は、緑の羽根募金を開始した。現在では国土緑化推進機構となり、新たに緑と森の森林基金が設けられ、九五年には緑の募金法が制定されて、募金活動が行われている。〇七年度の実績では、全国で二四億円が森林整備、緑化促進、国際緑化運動に使われた。

また、私たちになじみがあるのが、寄付つき年賀はがきだろう。寄付金は共同募金に当初寄付されていたが、一九四九年からは日本赤十字社にも寄付されるようになり、五八年からはさらに助成の対象が広がっている。最近の年賀寄付金は年間約七億円で、累計は四四二億円である。その対象は、社会福祉、災害救援、学術研究、文化財保護、青少年健全育成、スポーツ、留学生支援、地球環境保全など一〇分野で、社会福祉法人、更生保護法人、公益法人、ＮＰＯ法人に助成されている。

民間の募金キャンペーンも頻繁に行われている。有名なのは、二四時間テレビ「愛は地球を救う」で、募金は全額、福祉、環境、災害救援支援の三分野に配分される。〇七年には約一〇億円が集まり、三〇年間の累計では約二六一億円が寄付されている。また、交通遺児支援のあしなが育英会も街頭募金を行い、〇七年度の寄付収入は二二億円である。

市民レベルのキャンペーンとしては、エコ＆ピースなら委員会が募金箱を全国の家庭に配る

「ブラボークラブ全国募金箱運動」を行なっている。神戸市では、ファンドレージング・パーテイぼたんの会が毎年開かれ、しみん基金・こうべが事務局となって寄付を集めている。〇六年度の第四回までに約一〇〇〇万円を集めた。

阪神・淡路大震災の被災地では、震災の翌年の九六年から白いリボンが着用され、NPOなどを支援する運動として毎年一～二月に「白いリボンの募金」が行われている。第一回の〇四年には全国三七都道府県で募金が行われ、六三〇万円の募金実績をあげた。

さらに、キャンペーンとして成功したのがホワイトバンドである。これは世界的なGCAP(The Global Call to Action against Poverty)キャンペーンの日本版で、「ほっとけない　世界のまずしさ」キャンペーンには広告やマーケティングの専門家が加わり、全国的に大きな反響を呼んだ。最終的に四六四万本のホワイトバンドが売られて、一四億円の収入があったという。

費用も相当にかかったために賛否両論が起こったが、助成金を得にくいアドボカシー活動に助成されている。たとえば、(特活)ACEの「児童労働アドボカシーキャンペーンおよび戦略策定のための基本調査」、(特活)TICAD市民社会フォーラムの「アフリカ貧困撲滅のためのODA改善提言作成と二〇〇八年にむけたグローバルネットワーク構築」などである。〇六年度の第一期・第二期の助成では、この二件を含む五件が対象になった。

近年では、募金キャンペーンの有力な手段として、ネット募金が広がっている。NGO／N

ＰＯ団体などはそれぞれのホームページを通じてネット募金につなげようとしており、それらをまとめて行うサイトもある。

パブリックリソースセンターが運営するガンバＮＰＯ（現Ｇｉｖｅ　Ｏｎｅ）は、登録団体が七二団体、〇七年度末での寄付総額が二九四六万円である。国際協力ＮＧＯセンター（ＪＡＮＩＣ）は、正会員を対象とした国際協力ＮＧＯ寄付サイトを立ち上げ、その後国際環境ＮＧＯも対象とした。〇一年からは環境アリーナ研究機構に移管され、現在は二五団体が参加している。いーこころ！は、同サイトを入り口にして買い物や資料請求などにアクセスするとポイントがたまり、一ポイント一円として指定したＮＧＯに寄付できる仕組みである。

②市民ファンド

市民ファンドは市民が市民活動を支える仕組みとして、小規模ではあるが、近年いくつも生まれてきた。ぐらんも市民ファンドの一つである。市民ファンドの事例は、以下のようなものがある。[10]

ⓐ（特活）ゆめ風基金

阪神・淡路大震災で被災した障がい者を支援する目的で、震災直後に生まれ、二〇〇一年にＮＰＯ法人化された。〇八年一〇月時点で二億一〇〇〇万円の基金にまで育っている。「被災した障がい者に直接届ける」がモットーで、国内外ですでに三九〇七万円の助成を行なってきた、小さいけれど絶対に必要なニーズに応えようとする市民ファンドである。

ⓑ市民社会チャレンジ基金

神奈川ネットワーク運動が主宰する基金で、ローカル・パーティの設立、チャレンジ性のある政策開発、NPO設立への助成を目的としている、生活クラブ生協が出発点であるという点では、ぐらんの親戚のような基金である。〇七年度には一〇件四八六万円の助成を行なった。

ⓒしみん基金・こうべ

阪神・淡路大震災の経験から市民相互の地域連携型組織への社会参加を目的に一九九九年につくられ、二〇〇〇年にNPO法人化された。〇七年度の助成は一四件三一〇万円である。

ⓓ(特活)神奈川子ども未来ファンド

子ども・若者・子育てにかかわるNPOへの助成を目的として、NPOが共同で設立した基金である。〇一年に始まり、〇三年にNPO法人化された。〇七年度の助成は一四件二二四万円である。

ⓔ(特活)市民社会創造ファンド

個人・企業・団体などからの寄付や助成の中間支援組織(インターミディアリー)として、〇二年に設立された。この場合の中間支援組織とは、自ら助成するだけでなく、企業や財団からプログラム開発や助成業務の受託も行うなど、日本における助成活動全般を活発にするためのサポートを提供する組織を意味している。ファイザー、中央労働金庫、フィリップモリスジャパン、大和証券などが主要な資金提供者である。

ⓕなら・未来創造基金

奈良NPOセンターによってつくられ、NPOによる研究などに助成する。毎年、数件に一五〇万円の助成を行なっている。

ⓖ地域貢献サポートファンドスペースみんみん（みんみんファンド）

宮城県内の企業・団体と、せんだい・みやぎNPOセンターが共同で、サポート資源提供システムの事業の一つとして運営する。地域貢献を行いたい市民や企業などから寄付金を受け入れて、地域のNPOに助成を行う仲介システムである。冠ファンド[11]も可能な仕組みになっている。

新しい社会には新しい資金の流れを

以上さまざまな助成の仕組みを紹介してきた。寄付者の多様性と助成を受ける側のニーズの多様性に応じて、もっとも効果的・効率的な助成を実現するための工夫が制度的にもなされていることが、おわかりいただけたと思う。

明治時代の民法を根拠とする財団法人の制度から、最近、とりわけ阪神・淡路大震災以降の「NPOの時代」に対応する市民ファンドまで、さまざまな制度がつくられ、そして混在しているのが現状である。古い制度は改革されつつあり、政府の行政改革のなかで特殊法人は独立行政法人になり、整理統合が行われてきた。また、一一〇年間変わることのなかった公益法人制度までもが大変化をとげつつある。

助成制度がこのように変化しているのは、日本が非常に大きな社会変革の時期を迎えていることと密接に関係しているだろう。国家中心主義と市場中心主義のいずれもが欠点をもつことがはっきりしつつあり、国家と市場だけではない新しい社会制度をつくらなければならないことが明らかになってきている。

その具体的な姿はまだ明瞭になっていないが、新しい社会制度の一つの重要な側面が、お金の流れをどうするかである。市場での売買を通じた資金の流れではなく、税金と給付による資金の流れでもない、もう一つの余剰資金とニーズを結ぶ経路として、助成が重要になっているのではないだろうか。そして、どうすればそれがうまくできるかが問われているのである。

そうした状況のなかで、ぐらんは一つの可能性を示している。

3　ぐらんと類似した助成制度

ぐらんと類似した助成制度には、①市民による寄付を市民活動に助成する市民ファンド、②都内のNPO活動に助成、③アジアで活動するNGOに助成、④生活協同組合がつくった助成制度、⑤公開選考会などの選考の仕組みをもつ、などが考えられる。それぞれ類似の助成制度を紹介しながら、ぐらんの特徴を考えてみたい。

市民による寄付を市民活動に助成する市民ファンド

市民ファンドはすでにいくつか紹介した。ぐらんがそれらと違うのは、生活クラブ生協・東京という生活協同組合をベースにしている点だと思われる。また、意外にも首都東京にはその人口規模に比べて、東京を対象にしたローカルファンドが少ない。

市民活動の先進地は神奈川県と阪神・淡路大震災を経験した阪神地区だと思われる。東京には全国をカバーする助成組織の本部が置かれていても、足下の東京ローカルの活動への助成組織は少ないのである。

ＮＰＯ活動に助成

ＮＰＯ活動に助成する制度は、ＮＰＯ法が成立してＮＰＯ法人が急速に増えるなかで、九〇年代終わりごろから、民間助成財団で始まった。トヨタ財団や日本生命財団などが数千万円の規模でＮＰＯへ助成していたが、現在は自治体などのＮＰＯ助成金が増えたこともあって、両財団ともに少なくなっている。そのほかにもＮＰＯに助成する民間財団はある。

ＮＰＯ法人の数が約三万五〇〇〇にもなると、単にＮＰＯへの助成ではあまりに幅が広すぎるため、特定のテーマを定める傾向があるように思われる。たとえば、ファイザーが二〇〇〇年から開始したファイザープログラムでは、「心とからだのヘルスケア」にしぼってＮＰＯ支援を行い、七年間で一五五件、二億九六五一万円という、かなりの規模の助成をしている。

こうした財団や企業が、活動実績のある基盤がしっかりしたＮＰＯへまとまった助成金を提供しているのに対して、ぐらんは、すでに述べたとおり、草の根の新しい小さなＮＰＯや、任意団体にも助成を行なっている。助成規模は五〇万円以下というように小さくとも、市民による新しい動き、まだ実績もなく大きな財団や企業からは助成金をもらえない団体にも出すところが、ぐらんの特徴だろう。

国際協力NGOに助成

郵便局の国際ボランティア貯金、国際協力機構（JICA）の草の根技術協力事業、ジャパンプラットフォーム[12]の総額一四億円近い緊急救援の助成金、外務省の支援などがある。国際機関の委託を受けるNGOもある。

大きなNGOになると、予算は数億円規模になる。それでも、欧米のNGOに比べると小さいのだが、専従職員も数十名に及ぶ。そうした団体にとっては、ぐらんの五〇万円程度の助成金はあまり役に立たないようにも思われるのだが、大きなNGOを含む多くの団体が毎年応募する。その理由は、ぐらんの助成金の使いやすさにあるだろう。使途が自由で、会計報告も簡単になっているからである。一般に公的資金に近い助成金は会計監査が厳しく、その会計報告のためだけに新たに人を雇う必要があるくらいなのだ。

また、たとえば二〇〇七年度まで行われていた東京都の市民協力事業助成は、事業費の半額への助成であり、しかも後払いである。助成金の規模は二〇〇万～三〇〇〇万円と、ぐらんより多いが、応募件数はぐらんより少なかった。それは、半額助成では残り半分の資金を集めなければならないし、後払いでは立て替え資金が必要だから、大きなNGOや、残り半分の資金の目処がたつプロジェクトしか応募できないためである。

公的資金の場合はやむを得ないのだが、申請書づくりや会計などの間接的な経費や仕事量が増える。それで、少額でも手軽で使いやすいぐらんの助成金に人気があるのだろう。

生活協同組合の助成

生活協同組合が行う助成制度には、東京マイコープ市民活動助成基金がある。これは、東京マイコープの組合員が参加して地域社会で展開される環境・福祉・平和その他のボランティア、NPO組織、ワーカーズなどの非営利市民活動への助成制度だ。助成額は五〇万円を上限とし、年間一〇団体程度に助成されている。規模や対象はぐらんに似ているが、組合員の参加が条件になり、公開選考ではない点が、ぐらんとは異なる。

ぐらんの場合は、生活クラブ生協の組合員の参加は、条件に含まれていない。実際、組合員が参加していない団体が助成の多くを占めている。また、公開選考会や交流会などをとおして、ぐらんの活動を生活クラブの中で閉じるのではなく、社会に開いていこうとする原則が強く存在している。

ぐらんへの寄付者も、現在は生活クラブ生協の組合員が圧倒的に多いが、一般市民や企業にまで開いていこうとする方向性をもち始めている。生協から生まれて社会に出て行くという経緯をたどっているのが、ぐらんの特徴といえるだろう。

開かれた選考

ぐらんと似た公開選考を実施している市民ファンドに、ちば市民活動・市民事業サポートクラブ（NPOクラブ）がある。千葉県を基盤にしており、生活クラブ生協・千葉の市民活動支援基金を引き継いで二〇〇〇年に創設された。六一の団体会員と一二六名の個人会員がいて、市民や企業などの寄付で運営される「一歩くん基金」を運営し、毎年二〇〇万円程度を千葉県内の五～一〇団体に助成している。ぐらんの姉妹基金と考えても、よいかもしれない。

埼玉県にあるドゥコープの市民活動支援金も公開選考会を行なっている。一九九九年度から開始され、〇七年度には七団体に約二五〇万円の助成金を提供した。当初から、ほぼ同じような規模で助成活動が行われている。

この二例でもわかるように、九四年に始まった草の根市民基金が直接影響を与えたのかどうかはわからないが、数年遅れて他の生協でも公開選考会方式を取り入れたNPO支援活動が始まっているのは、興味深い。杉並チャリティ・ウォークなどを行なっているNPO未来をつなぐ子ども資金も、公開選考会でNPOへの助成を行い、〇五年度には四団体に数万円ずつを助成した。

市民活動支援に公開選考会を取り入れる自治体も出てきている。たとえば、江別市（北海道）の協働のまちづくり活動支援事業、呉市（広島県）の呉市まちづくり活動企画助成、木更津市（千葉県）の中心市街地まちづくり活動支援事業で、それぞれ公開選考会を実施した。自治体のまちづくりに関する助成制度の公開選考会方式も、ぐらんより数年遅れて始まっており、ぐらんには先見性があったといえるのかもしれない。

4　ぐらんのオリジナリティ

考え方と成り立ちのオリジナリティ

生活クラブ生協・東京が、数多くの生活協同組合のなかで、自分たちの生活を守り、また地球環境の保全に関与していくという姿勢に加えて、その資金をさまざまなボランタリーな団体に助成する仕組みをつくりあげたことは、特筆すべきだろう。

たとえば、二〇〇八年に中国四川省で起きた大震災などに対して緊急援助を行う団体は多い。それは被災した人たちをすぐにでも助けたい気持ちの表れであるから、貴重ではあるが、さほど珍しくはない。重要なのは、ボランタリーな活動をする団体などの社会的活動の継続性や設立そのものに対して資金助成をする仕組みを最初につくったことである。

もともと生活協同組合は、その趣旨に賛同する組合員が相互扶助の精神をもって、生産者と消費者の顔が見える関係を構築しつつ活動を続けていくことに意義を見い出している。一方、ぐらんの仕組みはそのような直接性をもっているとはいえない。助成先は直接の受益者というより、課題の解決をめざす団体であり、顔が見えやすい被害者的な立場の人に直接お金がわたっているわけではない。言い換えれば、ぐらんはそのような社会的に守られるべき人や事例を対象にして社会的な活動をする主体へ、自分たちの仲間であるかどうかとは関係なく、お金がわたる仕組みである。

ここまで、ぐらんが外に向けた活動であることを強調してきた。ただし、協同組合組織から出発したぐらんが、そのなかで異質な成長をとげたわけではないことは、明記しておく必要があるだろう。

世界九四カ国のさまざまな協同組合が加盟する国際協同組合同盟（ICA）は、国際赤十字に次ぐ歴史をもつ世界最大のNGOである。協同組合運動の普及を目的に、国連の諮問機関としても活動している。一九九五年にイギリスのマンチェスターで行われた設立一〇〇周年大会では、「二一世紀の協同組合原則」と題した宣言文を決定した。そこにぐらんの主張とよく似た内容が含まれているので、紹介したい。それは、協同組合のアイデンティティーに関するICAの七つの宣言である。

①自発的で開かれた組合員組織、②組合員による民主的運営、③経済的側面での組合員参加、④自律と独立、⑤教育、研修、広報、⑥協同組合間の協同、⑦コミュニティへの関与。

このうち⑦は、「協同組合は、組合員によって承認された政策を通じてコミュニティの持続可能な発展のために活動する」という内容で、マンチェスター大会の際に追加された。団体内のメンバーシップからなる協同組合の経験や資産を、メンバーの一員として地域社会に還元していこうというこの主張は、ぐらんのポジションと非常に似ている。協同組合とNPOとの間に距離のある日本社会において、ぐらんが長年こうしたスタンスで活動してきたのは、示唆に富んでいるのではないだろうか。

当初から地域社会全体を視野に入れてきたぐらんは、現在はNPOとして活動している。だが、そのエッセンスにはきわめて近代的な協同組合の考え方が入っていることが、この部分を読むとおわかりいただけると思う。

中間支援組織という表現があるが、ぐらんは資金の助成をとおして後方支援をするためにつくられたといってよいだろう。第1章で述べたように、設立当時はまだ活動の意図や意義がよく理解されたとはいえなかったぐらんが、先進的な意思を失わずに一四年間にわたって継続できたのは実にすばらしいし、また驚くべきことである。当初は小さな種だったとはいえ、積もると大きくなる典型といえるだろう。

継続のオリジナリティ

すでに述べたように、低金利時代が長かったため、生活クラブ生協と意思ある組合員によってつくられた基金の運用益で継続的な助成を行なっていくことはできなくなった。たとえば年率〇・一％の場合なら、一万円の利息を受け取るためには一〇〇〇万円を一年間預けなければならない。しかも、税金を差し引かれると、さらに手取りが減る。

したがって、利息という基金からの果実を助成金に当てる手法では、資金の不足は明らかである。助成を継続するためには、別な形で寄付を募る必要がある。新たな寄付者を増やしていくためには、いくら生活協同組合のメンバーシップがあるとはいえ、単に「お金をください」では理解されない。活動の意味と成果についてわかりやすく説明しなければならない。

その説明は、ぐらんを運営する運営委員と、主旨に共感する組合員が自ら行うことが必要だった。こうして組合員に浸透していった活動は、継続する力となり、助成金の財源となってきたのである。詳細は第1章に譲るが、ぐらんは途中で基金という形をやめて、全面的に個人からの寄付で運営した。これは、運用益によって活動する一般的な財団とはスタイルが異なる。

その結果、基金の返還によって財政的には厳しくなったとはいえ、さらに多くの方たちによって支えられるようになった。ぐらんの継続する力そのものにも、大きなオリジナリティがあるといえるだろう。

助成のオリジナリティ

①公募条件のおおらかさ

助成団体の多くは、簡単に言えば、公募→申請の受付→審査というプロセスを経て支援する団体を決定し、助成金を交付する。ただし、助成団体ごとのルールによって応募のためのさまざまな条件がついており、簡単に助成金をもらうことはできない。そのため、市民活動をする団体の多くがネックに感じている。これまでも述べたように、人件費分を認めてもらえない、創設資金として活用できないなど、本来は必要である部分に利用できないルールを取っている助成団体が多いからだ。

もちろん、助成団体を運営する側には、お金を出してくれた人や企業への説明責任がある。したがって、「次年度の人件費をどうするのか」「創設への助成が本当に将来に活かされるのか」など、厳しく使途を見ていくという意味で、やむを得ない面もある。しかし、ぐらんのルールは異なる。

どんなに新しい団体であろうとも創設資金として使うことは可能だし、人件費への使用もある程度は認めているなど、使途についての制限がほとんどない。少なくとも、一年は自由に使える。これには三つの理由がある。第一に、お金を出している寄付者の身近な活動への助成が多いから、第二に選考会や交流会などによってふれあう機会が多様に存在するから、第三にお互いの信頼関係を基本にしているからである。

②書類審査と公開審査で公平性を保つ

ぐらんでは、運営委員が活動の一連のプロセスに対して事務局とともに責任を担う。助成団体の選考についても、募集のルールから最終選考まで全体をコーディネートする。運営委員会では、社会動向とぐらんの助成事業が乖離しないように、毎年助成を告知するときに前年の状況を確認して助成ルールを決定し、その後に「今年はどんな応募があるかな」と楽しみにしている。

たくさんの応募のなかから、まず応募書類(申請書)の読み込み・しぼりこみを行う。公開選考会に出る団体の選考をまる一日かけて実施するのである。アジア助成であれば三団体まで、都内助成であれば一五団体近くまで、選んでいる。このようにできるだけ多くの団体を残すプロセスは、非常に民主的といえる。言うまでもないが、この書面による一次選考は、その年の選考ルールや視点に沿って団体を選ぶものであり、恣意的に通ってほしい団体をピックアップするものではない。

続いて、公開選考会で「公の場の主張」が始まる。二〇〇七年度のプログラムを、資料1に示した。これを見るとわかるように、一団体の持ち時間は非常に少ない。第一ラウンドがアジア

資料1　2007年度公開選考会プログラム

Ⅰ　アジア草の根助成　公開選考会
1　開　会 ……………………………………………13：00〜13：10
2　応募3団体からのプレゼンテーション（1団体8分）13：10〜13：35
3　運営委員と選考委員による意見交換と質問 ………13：35〜13：50
4　再プレゼンテーション（1団体3分）………………13：50〜14：00
5　投票、審査結果の発表 ……………………………14：00〜14：20

Ⅱ　都内草の根助成　公開選考会
1　開　会 ……………………………………………14：20〜14：25
　公開選考会のすすめ方の説明
2　応募8団体からのプレゼンテーション（1団体5分）14：25〜15：05
—休憩（10分）—
＊休憩時に意見をまとめておいてください。
3　応募6団体からのプレゼンテーション（1団体5分）15：15〜15：45
4　運営委員と選考委員による意見交換と全体への質問…15：45〜16：00
＊ディスカッション後にその内容を委員長から報告
5　再プレゼンテーション（1団体3分×14団体）………16：00〜16：45
＊ディスカッション内容に対する回答、補足
6　投票 ………………………………………………16：45〜16：55
7　集計、選考 ………………………………………16：55〜17：15
＊ポイントアクション投票結果の発表
＊運営委員による助成団体と助成額の選考・決定
8　結果発表 …………………………………………17：15〜17：20
9　閉会あいさつ ……………………………………………17：20

草の根助成が八分、都内草の根助成が五分、第二ラウンドにいたっては各三分である。そこでのプレゼンテーション力がものをいう。

当初は、模造紙にマジックで描いた絵や表を貼ったり、子どもや障がい者などの当事者が壇上に上がってパフォーマンスするといった風景が当たり前に見られた。最近は、圧倒的

にパワーポイントによる発表が多い。これも時代を反映しているのだろうか。スマートになってきた分、訴えかける情感が減ってきたともいえ、少々残念ではある。

③事業報告の透明性と公開性

事業報告についても、ユニークさを保っている。助成金を受けて事業を遂行した団体は当然、事業報告が義務づけられる。普通は、書面や、せいぜい助成団体へ出向いて説明する程度のところが多い。

しかし、ぐらんの特徴はその徹底的な公開性にある。助成を受けた団体は、ぐらんへ報告するだけではなく、資金を出してくれた人たちへも「あなたたちのお金をこのように事業に活かしました」という報告をする義務があるのだ。それが第1章で説明した草の根交流集会である。ここでは、事業を遂行した団体に加えて、助成金を使っている団体も中間報告と交流を兼ねて参加する。

この交流集会へは、誰でも参加できる。寄付者や関係者にとどまらず、広く声をかけて参加者を募っている。「報告会」ではなく「交流会」という名称である理由は、報告だけではなく、さまざまな個人や団体間の交流をもう一つの目的にしているからである。ここで生まれる人権・子ども・環境・福祉などさまざまな切り口で活動している人たちのごった煮のネットワークが、何とも言えないファジーな副産物となって、新たな視点を参加者たちに与えている。

交流集会は年に一回、前年度と前々年度の団体を対象として行うので、次の年には参加メンバーは半分変わるが、ネットワークの広がりはとどまることを知らない。広くじわじわと市民活動が広がる原点になっているといえよう。

4 これからの課題

資金調達の継続性

環境問題であれ人権擁護であれ、支援の対象が直接見える活動の場合には、人は比較的お金を出しやすい。もっとも典型的な例は、緊急援助だろう。これに対して、ぐらんのようにさまざまな活動をしているボランタリーグループやNPO、NGOに継続して助成金を出す仕組みは、なかなか寄付を集めにくい。自分のお金がどうなるのか、寄付者側に具体的に見えづらいからだ。

しかし、ぐらんは今後も助成を続けていきたいと考えている。必然的に、ファンドレイジング(資金調達)が常に欠かせない。現在は生活クラブ生協の組合員や関係グループなどが中心となっているが、それだけでは「市民のための、市民による」という部分に齟齬が生じる。もっと広く知らせ、一人でも多くの市民や企業なども含む団体から寄付を受けられるようになることが最大の課題である。

ここから発生する小課題、つまり広い分野へわかりやすく活動を伝える広報手法の開発、企業の社会貢献などとの連携、認定ＮＰＯ法人の資格を取得して税制優遇を受けることなどについては、これから検討していくべきだろう。

選考手法のさらなるブラッシュアップ

書類選考では現在、二〇団体弱までしぼりこんでいる。これは、公開選考会という限られた時間内で発表できる上限として、何年もの議論を経ておちついた数である。しかし、斬新性・開発性・質の高さなどのさまざまな基準を考えた場合、果たしてこの数字が妥当なのかどうかは再度検証する必要があるだろう。

なぜなら、年によって優秀な申請書（プロポーザル）が多く出るときと、凡庸な申請書しか出ないときの差が激しいからである。また、最終の公開選考会で直接話を聞かないと何ともいえない部分も大きい。最初から数をしぼれば、より多くの団体に機会を提供するという趣旨に反することにもなる。

いずれにせよ、「今年の助成可能なお金は三〇〇万円あるから」という理由で、毎年全部を使い切る（分配し切る）のは、お役所仕事のようで望ましくないのではないだろうか。申請者が一定の評価基準をクリアしている場合にのみ助成金を付与するという、価値観を委員同士で共有する必要がある。

公開選考会では、運営委員に選考委員が加わり、さらに参加者の意見も加えて、多面的な視点から一位が決まる。運営委員は書類選考の前から関係書類を読み込んで、情報をインプットしているから、判断材料が多い。しかも、多くの時間を議論に割いている。けれども、寄付者のなかから選ばれる選考委員は、運営委員による書類選考の経過、結果、内容などの説明を受け、公開選考会で発表する団体について理解を深めるオリエンテーションを行なっていても、情報量や判断材料が圧倒的に少ない。また、大半の場合、選考するという経験もないに等しい。そのため、投票の際のポイントの入り方が、運営委員と選考委員で違うときもある。

このようなアマチュアリズムを重視した選考については、よい面もあり、よくない面もある。ただし、少ないお金をできるだけ効率よく分配するという視点に立つと、評価する側の事業を見る目を養うことがこれまで以上に必要となる。

これまで課題があるたびに仕組みを変更してきたぐらんであるからこそ、今後もよりよい選考のあり方についての議論を重ねていく必要があるだろう。

助成先の事業評価の方法

ここでいう評価は、選考にかかわる評価ではない。助成金を出した団体と事業についての評価である。事業評価は、申請書から読み込んだ事前評価、事業を実行している途中でモニタリングする期中評価、事業遂行後に実施する事後評価の三つに大きく分かれる。

このうち、事前評価は助成団体を選ぶ際に行い、期中評価は草の根交流集会で行う。問題になるのは事後評価である。これについては、事後評価をどのように考えるのかで手法が変わってくると思われる。当然ながら、助成期間後の直近期間で助成金がどう使われたのかについては、報告書と草の根交流集会で評価している。しかし、助成金を使った数年後に団体がどうなっていったのか、助成金が有効に活かされたのかについての評価は、充分に行われていない。

この本のサブタイトルは「一〇〇の物語」であるが、一〇〇の団体を何年にもわたって事後評価するのは、たやすいことではない。難病患者と付き添い家族の支援ぐるーぷ・アリスのように、社会的に価値ある活動をしていても、状況の変化のなかで活動をとりやめた団体もある。助成数年後に全団体を再評価して、すべてに「よくできました」と花丸をつけられるわけではない。

市民から集めた資金を助成金として拠出したから、公正な段階を踏んで選考したから、それだけでぐらんの役目を果たせたとは、私たちは思っていない。事後評価を助成を行なった出口として捉えるならば、一方でそれはお互いにとって次の関係性への入り口であるとも考えられるだろう。だから、時期をおいた事後評価は「かなり」重要なのだ。

どんな助成財団でも事後評価については頭を悩ませているだろう。この部分については、今後も試行錯誤を続けていくしかないと考えている。

多くの人びとの多様な参加をめざして

ここまで資金調達、選考手法、事業評価という三つの課題をあげてきた。しかし、運営するメンバーが変わるなかで、今後のぐらんがどう変化していくのかは未知数である。

ただし、その方向性については明らかになっている。それは、これまでの蓄積を活かしながら社会的な存在として、多くの人びとが多様な形で参加できるように努力していくということであろう。

協同組合のエッセンスをもつ、開かれた助成基金という特徴があるぐらんは、市民が運営する民主的なファンドとしてオリジナリティを維持し、必要に応じて変化していきながら、多くの人びととといっしょに活動していこうと考えている。

（1）以下は、主として今田忠「資金提供者のニーズと助成のスキーム」（助成財団センター編『民間助成イノベーション──制度改革後の助成財団のビジョン』松籟社、二〇〇七年)を参照。ただし、分類の仕方などが一部異なる。
(2) 日本ユニセフ協会のホームページ、二〇〇七年。
(3) 詳細は、前掲(1)、二〇九~二一三ページ、参照。
(4) 各助成プログラムの詳細は、前掲(1)、二〇〇~二〇一ページ、参照。
(5) 詳細は、前掲(1)、二〇二~二〇三ページ、参照。
(6) 公益を目的として民法第三四条に則して設立された財団法人と社団法人。「学術、技芸、慈善、祭祀、宗教その他の公益に関する社団又は財団であること」「営利を目的としないものであること」の二つを要件とする。
(7) 湯瀬秀行「助成財団の現状」前掲(1)、二三八~二三九ページ。
(8) これらの詳細については、前掲(1)、一八一~一八六ページ、参照。
(9) 募金キャンペーンについては、前掲(1)、二一三~二一六ページ、参照。
(10) 前掲(1)、二〇七~二〇九ページ。
(11) 寄付者の名前などを冠した個別ファンドを設立し、継続的な資金提供を行う。
(12) NGO、経済界、政府、メディアなどが対等なパートナーシップのもとで、自然災害、国際緊急援助、復興支援などを迅速・効果的に実施する国際人道支援システム。

第4章

市民がＮＰＯを育てていくために

奥田　裕之

法人格をもたない市民団体も含めると、ＮＰＯ（市民による非営利団体）はほとんどの地域に存在する。いまや社会に不可欠な存在といってよい。「ＮＰＯなんて必要ない」という人は、めったにいないだろう。

しかし、ＮＰＯの可能性や役割がまだ充分に発揮されているとはいえない。そこで、ここでは、ぐらんが支援しているＮＰＯとはそもそも何かについて改めて説明したうえで、なぜＮＰＯや非営利事業が必要なのか、助成の意味と、助成という枠を超えた資金調達の重要性と手法、そしてＮＰＯを育てるために何をすべきなのかについて、述べていこう。

1　ＮＰＯとＮＧＯ

説明しにくいＮＰＯやＮＧＯ

ＮＰＯやＮＧＯという文字が新聞に載らない日はないほど、日常的な存在になってきた。だが、ＮＰＯやＮＧＯとは何かについては、意外に正確に理解されていない。多くの人びとはＮＰＯやＮＧＯは福祉や海外援助にかかわる活動や事業を行う団体であるとみなしている。また、とくにＮＰＯは収入を得てはいけないと考える人も多い。しかし、これらはいずれも正しくない。

ＮＰＯ（Non Profit Organization）は直訳すると「非営利組織」となる。一般にＮＰＯという場合、「非営利活動を行う団体」を指す。その反対がＰＯ、すなわち「営利組織」である。

営利組織の代表である株式会社は、事業によって最大限の利益をあげ、株主へより多く配当することを目的としている。一方、非営利で事業を行うＮＰＯは、活動から得た利益を自分たちで分配しない。社会への還元が目的である。営利と非営利の違いは、事業から得た利益の分配方法による。つまり、ＮＰＯとは非営利で活動する組織であって、活動や事業内容によって定義されているわけではない。

非営利という場合に誤解されやすいのは、活動で得た利益を分配しないという表現かもしれない。利益は、収入から必要経費を引いた残りを指す。必要経費には、働くスタッフの人件費も入る。

「ＮＰＯから人件費をもらってもよいの？」という質問をときどき受ける。しかし、ＮＰＯがボランティアや賛同者を得て継続的に事業を行うためには、日常的に発生する事務作業やコーディネートをする常勤スタッフの存在が欠かせない。ＮＰＯには、社会に必要だが儲からない事業を、社会をよりよくするために行うという側面が大いにある。それゆえ、充分な人件費を支払える収入を得ているＮＰＯは少ない。ＮＰＯの仕事によって生活できる人を増やしていくのは、きわめて重要な課題である。

NPOとNGOは違うのか

NGO（Non Govermmental Organization）を直訳すると、「非政府組織」になる。NGOは政府組織ではない非営利の組織である。NPOは営利目的で活動しない非政府の組織であり、NGOは政府組織ではない非営利の組織である。このように、NPOとNGOは切り口が違うだけで、中身はほとんど変わらない。「営利を目的としない」という部分を強調した場合にはNPOを用い、「政府ではなく民間である」という立場を強調した場合にNGOを用いるといっても、さしつかえないだろう。

多くのNGOが国境を超えた活動をしているので、NGOは海外援助をしている団体で、NPOは国内でおもに福祉活動などを行う団体と誤解されやすい。けれども、活動分野に違いがあるわけでは決してない。

NPO団体とNPO法人

NPOについて話すとき、しばしば食い違いが生じる。よくあるのは、「継続して社会的な責任を担うためには人件費が必要だ」という意見に対して、「NPOで活動しているのだから人件費をもらうべきではない」と反論されるケースだ。この食い違いは、NPOという言葉をどんな意味で使うかによって起きる。ボランティア団体を含む広義の「NPO団体」と、特定非営利活動法人格を取得して事業を行う「NPO法人」とが混同されているのである。

この本の第2章では、この二つを分けている。NPOと記述した場合は、法人格や活動している国とは関係なく「非営利で活動している広義のNPO団体」であり、NPO法人と記述した場合は、「NPO法人(特定非営利活動法人)という法人格を取った団体」である。また、NPOセクターと記述した場合は、「非営利で活動しているさまざまな団体を含む、広義のNPO分野」を意味している。

市民活動やボランティア活動は、誰でもどこでも始められる。そこから思いを一つにする仲間ができて、団体としての活動が始まっていく。活動をさらに社会的に位置づけようとした場合には、意思ある個人の集まりというだけではなく、団体として法人格を取ることが選択肢の一つになる。

法人格を取ることのメリットは多い。代表者一人の責任から団体としての責任を負えるようになり、事務所を借りる、行政から委託を受ける、金融機関から融資を受けるなどの契約主体となれるからである。ただし、法人格を取得するかしないかは、団体のミッションや性質、メンバーの意思によってさまざまだ。どちらの選択も間違っているわけではない。

たとえば第2章で紹介したCCS世界の子どもと手をつなぐ学生の会は、一五年間の実績をもつが、学生中心で運営していることもあって事務局機能を簡略化し、現場での活動に力を入れている。収益性という意味では事業的ではないから、任意団体として活動を続けてきた。

それに対して、ＮＰＯ法人グランマ富士見台は、設立当初から子育てに関する社会的な課題をボランティアではなく仕事として解決していこうという意思があった。ＮＰＯ法人という法人格があるほうが行政からの委託が受けやすいため、法人格を取得している。

また、企業組合アジア・ワーカーズ・ネットワークあうんは、ＮＰＯ法人ではなく企業組合という法人格を取得した。企業組合は、「労働者や事業者が四人以上集まって組合をつくり、資本と労働力を持ち寄って自らの働く場を創出する」ものである。ホームレスなどの社会的弱者が力を合わせて仕事をつくるあうんには、非常にふさわしい。ちなみに、あうんのスローガンのひとつは「一万円を払って社長になろう」だ。

このように、団体の活動をみる際に、法人格を取って「社会的な事業」をしているのか、法人格は取らずに「社会的な活動」をしているのかを意識していくと、理解が深まるであろう。

2　ＮＰＯの推移とさまざまな非営利事業

市民団体からＮＰＯへ

ぐらんの助成が始まった一九九五年以降は、ＮＰＯ法の成立によってＮＰＯやＮＧＯが大きく発展していった。一方で、バブルの崩壊によって、政府や地方自治体が行う社会的な事業が縮小され、民間に少しずつ移った期間でもある。

　ぐらんが初期に助成した団体は、ＮＰＯという言葉が一般的でなかったこともあり、多くは市民活動団体やボランティア活動団体と呼ばれていた。分野は福祉が中心だ。活動の継続を前提とした団体も多かったが、事業性という面では弱かった。これらは、完全な無償ボランティアで活動する団体、有償ボランティア[1]のように最低限の経済性が存在する団体、デイサービスや作業所のように小規模ではあっても雇用も含めた社会的な事業として行われている団体に分けられる。ただし、いずれも「ボランティア活動」という概念で捉えられていた。

　その後、九八年のＮＰＯ法の施行によって一般にＮＰＯと呼ばれるようになり、広く社会的に認知された存在となる。それにつれて、法人格を取得する団体の数が急激に増えていく。その結果、助成先にＮＰＯ法人が増えた。このころから、環境問題、子育てや家庭内暴力（ＤＶ）など新たな社会問題へいち早く対応する団体も助成対象になっている。

　福祉分野については、高齢社会への対応を目的に二〇〇〇年に施行された介護保険制度[2]の導入によって公費から収入を得られるようになったことで、事業内容と性質が大きく変化する。その評価はさまざまだが、社会的な認知度と事業収入の安定化によって、ボランティア活動から社会的事業へという流れが明確になった。こうして、事業性を強めた団体は、助成対象から少しずつはずれていく。

事業内容の細分化と事業的ＮＰＯの発展

二〇〇〇年代なかばになるとＮＰＯ活動はますます多様化する。同時に、「障がい者」や「高齢者」というような大きな分類で表されていた事業ではなく、内容が細分化されたシングルイシュー型（特定の限定されたテーマに基づいて活動する）団体が増えてくる。ぐらんの助成先では、ＨＩＶ問題、子どもへの性暴力の予防、顔にアザや傷がある当事者のサポート、車イスごと乗れるバスの普及などである。

なかでも特筆すべき事例は、中野難病家族会（現ＮＰＯ法人ＡＬＳ／ＭＮＤサポートセンターさくら会）である。在宅のＡＬＳ（筋萎縮性側索硬化症）患者の支援として申請され、中野区内の患者および家族を中心に、介護者の紹介と育成、区に対する介護保障の交渉が中心活動だった。〇三年の助成は、その活動を発展させるための介護者と患者家族の研修合宿を対象とした。その成果が介護保険制度を使った東京都内のネットワークづくりにつながり、全国的な支援ネットワークへと発展していく。もちろん、これは当事者の努力によるものだが、個人的なボランティア団体からＮＰＯ法人という社会的な存在への変化のきっかけにかかわることができた。地域を限定し、小さくとも応援したい団体を選んで助成してきたぐらんの大きな成果である。

一方で、経済的に成り立つ社会的事業を意識した団体が、初期の支援を求めるケースも出てきた。それは、欧米で一九九〇年代に始まった社会的企業（ソーシャルエンタープライズ(3)）の取り組みが日本に紹介された直後の二〇〇〇年代なかばである。ただし、この時期に社会的企業が急に始まったわけではなく、それまでも一部のNPOはそうした視点で活動していた。助成する私たちの側に社会的企業という意識が生まれたといったほうが正確だろう。

スタッフの安定した雇用を前提とした社会的企業は、NPO全体のなかではまだ少ないとはいえ、近年になって増えている。第2章では、アジア・ワーカーズ・ネットワークあうん、グランマ富士見台、リユースショップで環境活動を行うエコメッセが該当する。

第2章では紹介していないが、NPO法人フローレンスも採算性のある社会的事業を当初から意識している。フローレンスは、若者が中心となって起業したNPOだ。必要性がありながら採算が取れないという理由で放置され、多くはボランティア活動で行われていた病児保育を、地域のネットワークや子どもに関心のある多くの支援者の協力を得ながら事業として成立させようとしている。

彼らは、小児科医や子育てを終えた女性などコミュニティの多様な人材を巻き込むことで、あまり費用をかけずに事業が成り立つと考えた。そして、この仕組みを一般化して、他地域の団体が応用できる新たな事業モデルの創出をめざしている。現在では多くの賛同者を得て、行政にも注目され、〇八年一二月からは二三区全域でのサービスの提供が始まった。

このように事業と運動の両立をめざす事業体は今後も増えるであろう。その重要性は、今後ますます高まっていくと予想される。

さまざまな非営利事業

①継続性を意識しないボランティア団体(任意団体)

ボランティア団体の多くは、当初からぐらんの助成の対象外だった。ここでいうボランティア団体とは、継続性を基本とせず、あまり長期的な計画をたてる必要のないものを指す。なかには、自己表現としてのニュアンスが強かったり、社会的な活動としての波及効果についての自覚が弱い団体もある。

ただし、継続性を意識しないボランティア団体を助成の対象としてこなかったからといって、ぐらんがボランティア団体をマイナス評価しているわけではない。多様な団体の存在がNPO分野の裾野を広げるし、ボランティア活動が地域の中にたくさんあることが社会の豊かさに結びつくと、評価している。助成の対象としていないのは、継続性のある事業とは言えない活動については、基本的には自分たちでお金を出し合うべきであると考えているからだ。

②継続性のあるボランティア団体(任意団体)

初期の助成対象は、長期的に活動を行うボランティア団体や、行おうとしている任意団体が中心だった。決まった定義があるわけではないが、①との違いは、活動を継続するために活動規約などの内規をつくり、人材を広く迎え入れ、団体の透明性を高めるなど、社会的組織として自らを意識している面が大きいと思われる。

継続性のある事業にしていくためには、しっかりした事務局体制に加えて、ある程度の会費や事業収入、寄付、補助金などが必要である。過去に助成して、いまでは活動を終了した団体のなかには、助成金以外の面で資金の手当てができなかったケースもある。

継続した活動を前提とした任意団体への助成は、現在も多い。そのいくつかは、後にＮＰＯ法人を取得している。

③事業からの収益性が低いＮＰＯ法人

近年このタイプへの助成が増えてきた。第2章の例では、ＮＰＯ法人ＶｉＶｉＤなどだ。是非は別として、現在のＮＰＯ法人の多くがこのタイプといえるだろう。海外で活動しているＮＧＯの多くも、同様である。

非営利で社会的事業を行うＮＰＯは、テーマによっては事業からの収益性を高めることがむずかしい。しかし、法人として事業を行う以上、事務所を開設する必要があるし、法人事業税、法人都道府県税、法人市町村税などの税金もかかる（法人事業税は税法上の収益事業を行わない場合は免除され、法人都道府県税や法人市町村税も自治体によっては条例で免除している場合がある)。また、年に一回の総会の案内やニュースレターなど、意思決定や情報提供にかかわる費用は団体の説明責任を果たすために必要だし、専従の事務局をおいた場合には人件費を払う責任も生じる。

このようにNPO法人は、組織を維持するだけで経費がかかる。充分な事業収入を得られなくとも、会費や寄付金を集めたり、多種の事業を組み合わせるなどの工夫で成り立つ団体の数は、決して少なくない。しかし、とりわけ社会性の強いNPO法人については、団体の努力のみに帰するのではなく、また不安定な助成金に頼らなくてもすむような、社会的な資金支援も求められている。

④事業性のあるNPO法人

介護保険制度に則って活動する団体、指定管理者制度(公的な施設の管理・運営をNPOや営利企業などが代行する制度)で施設の管理・運営を行う団体、事業高は多くなくとも、基本的な方向性として事業収入によるスタッフの安定雇用を指向する団体などである。ぐらんのような少額の助成金は、こうした団体にはあまり向かない。ただし、創立期には、アジア・ワーカーズ・ネットワークあうんがトラックを購入して事業の発展の基礎としたように、有効である。

事業性のあるＮＰＯについては、高額な機材や建物の改修など数百万円規模の初期投資が必要である場合が少なくない。ところが、ＮＰＯ法人は出資を受けられないし、[4] 初期投資を回収できるビジネスモデルをＮＰＯ法人がつくるのも容易ではない。期待が高いにもかかわらず、事業性のある団体がなかなか増えない原因は、この点にあるといえるだろう。

⑤事業性のある大規模なＮＰＯ法人や社会的事業など

大規模な社会的事業は、ぐらんのような小規模な市民助成の対象ではないが、今後の日本社会においては非常に重要な存在になる。非営利型で比較的大規模の社会的事業を行おうとする団体は、少しずつ生まれ始めている。以下では、そのうちの二つをやや詳しく紹介しよう。

3　大規模な非営利型事業

(1) コミュニティハウスを運営するＮＰＯ法人ほっとコミュニティえどがわ

ＮＰＯ法人ほっとコミュニティえどがわは、ほっと館という高齢者のコミュニティハウスを運営している。

二〇〇四年一二月にオープンしたほっと館は、江戸川区役所近くの約一〇〇坪の土地に建てられた三階建て。二階と三階は一〇戸の高齢者用コミュニティハウスで、一階にはコミュニティレストランと小児科が入り、全体のコーディネートをNPO法人が行う。高齢者と幼児を一つの建物の中に同居させるという多世代間交流を意識し、コミュニティレストランによって地域に開かれた存在をアピールしている。居住する高齢者は他のNPOからのケアも受けられるなど、あくまでコミュニティに根ざしたコンセプトが基本である。

なかでも独特なのは、NPOが建設資金を集め、建物を所有している点にある。きっかけは、この地域における長年の市民活動の実績や、建築や経理など専門家が多いという信頼によって、地元の寺院が土地の貸与を申し出たことだった。寺院側は建設費用も出すといったそうだが、NPOのメンバーは居住者が将来も安心して住み続けられるために建物を所有しようと考えて、建設費用の一億二〇〇〇万円を自分たちで集めることを決意したという。

とはいえ、現在の日本でNPOがこれだけの巨額の金額を集めるのは至難の業である。もちろん、担保も資産もないNPOに融資する一般金融機関はない。また、

●特定非営利活動法人ほっとコミュニティえどがわ
住所＝東京都江戸川区中央2–4　ほっと館1階
電話＝03–3652–7212、FAX＝03–3652–7215
ホームページ＝http : //homepage 2.nifty.com/hotcommunity/
E–mail=hotcom@nifty.com

現在の制度では、高齢者のみを対象としなければ、行政から補助金などが出ない。そのため、多世代間の交流や地域に開かれたさまざまな機能をもつほっと館は支援を受けられなかった。その結果、自分たちで資金を集める必要にせまられ、以下のような資金調達を工夫していく。

①自己資金…入居予定者からの一時金。

②ほっと債…一階のコミュニティスペース分として一〇〇〇万円を地域住民から借りる。擬《ぎ》似《じ》私《し》募《ぼ》債《ざい》（一九五ページ参照）の発行。

③ほっと融資…地域の仲間（おもに四〇代の女性たち）に一〇〇万円ずつの融資を依頼。合計二六〇〇万円を集める。

④保証金…コミュニティレストランと小児科が拠出。

⑤信用金庫の融資…ほっと債とほっと融資を担保に、五〇〇〇万円。

⑥東京ＣＰＢからの融資…入居一時金の不足分として九〇〇〇万円（東京ＣＰＢは市民がつくった金融機関であるＮＰＯバンク）。

ここから見えてくるのは、地域内での信頼関係とネットワークの力である。そして、多くの苦労と覚悟をもって始めた活動は、十分な利益を得ているとまではいえないが、事業としてきちんと成り立っているという。しかも、地域になくてはならない役割を果たしているうえに、目前に迫った高齢社会における地域に根ざしたＮＰＯのもつ大きな可能性を示しているという意味でも、きわめて貴重な存在である。

ほっと館のような事業は各地で必要とされている。とはいえ、意欲はあっても実現する可能性が高いとは残念ながら思えない。この事例を一般化するためには、事業の当事者が資金面で必要以上に大きなリスクをかかえなくてもすむような、開設期の支援を考えていかなければならない。

(2) 環境によい住宅を建てて森林を守る中間法人天然住宅

中間法人[5]天然住宅は、人間にやさしく、環境によい住宅を建てると同時に、日本の森林を守ることを目的とした、非営利の事業体である。

日本の森林は、林業の衰退にともなって手入れがされなくなり、劣化が進む一方だ。木材の自給率はわずか二割にすぎない。海外では日本の過剰伐採によって森林と生態系が破壊され、地球温暖化を加速する大きな原因になっている。この矛盾を解決するためには、国産材の消費を増やす以外にない。ところが、輸入木材の単価が非常に安いうえに、日本の林産地では現金収入が少ないために、決して簡単ではない。

加えて、日本の住宅がかかえる問題も大きい。ほとんどの住宅では建材に多量の化学物質が使われ、シックハウス症候群と呼ばれる体調不良の原因となっている。しかも、数千万円の購入費用がかかるにもかかわらず、三〇～四〇年での廃棄が前提である。それは暮らしに欠かせない住まいをいびつな存在にし、さらに大量の化学物質を含む廃棄物を生み出すことにもつながる。

天然住宅はこれらの問題を解決するために、二〇年にわたって安全で健康な住宅を建て続けてきた相根《さがね》昭典さんを中心として、趣旨に賛同する多くの仲間とともに、二〇〇七年一二月に設立された。相根さんが、「日本の森林が衰退するスピードが速すぎて、個人の努力だけでは不可能だ」と感じたことが、きっかけだったという。

相根さんには、日本の木を使って、三〇〇年もつ家を化学物質を使わないで建てられる技術がある。同時に、安全な住宅を国産材で建てるためには、林産地の産業を再創出し、常に森林が手入れされる状況をつくり出さなければならない。そこで、製造工程のほとんどすべてを林産地で行なって雇用を創出し、流通と販売までをつなげた非営利型の事業を考えた。そして、おもに都市部で販売された家から得た利益の一部を森林を保護するために林産地へ戻すようにした（図5）。

こうした大きなプロジェクトでは、小さな一つの団体だけですべての事業を行うことは不可能である。天然住宅も、大学や林産地をはじめとして、さまざまな団体や支

●中間法人天然住宅
住所＝東京都渋谷区代官山町4-1　代官山マンション1003
電話＝03-6277-5603、FAX＝03-5728-2298
ホームページ＝http：//www.tennen.org/　E-mail=info@tennen.org

図５　中間法人天然住宅による供給体制

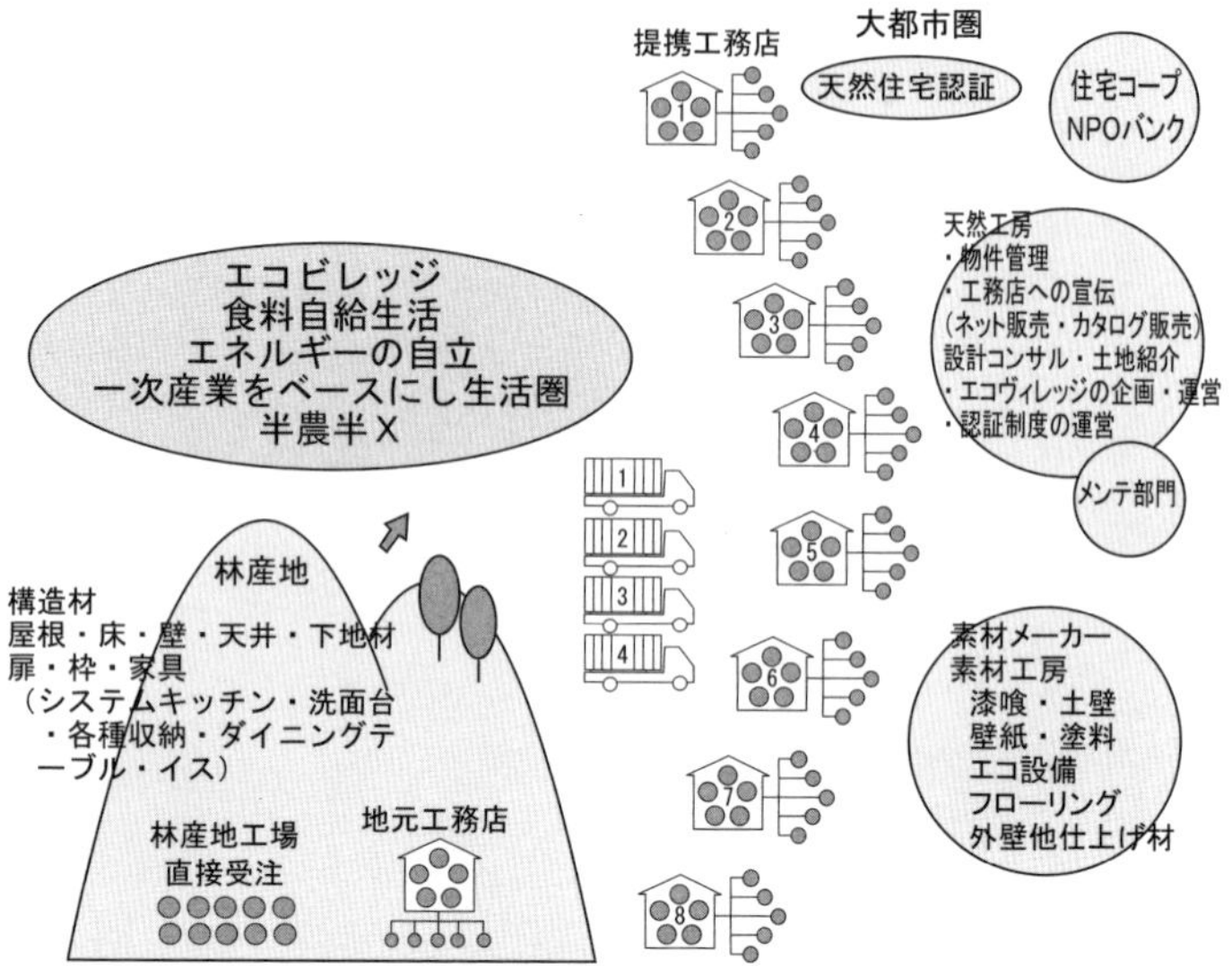

援者を巻き込み、必要に応じて自分たちで団体をつくりながら、進んできた。資金調達に関しても、賛同者へのアプローチ、助成金や委託金の申請、天然住宅バンクという新しいNPOバンクの設立などを組み合わせている。

それは、流通や産業構造そのものを自らつくるとともに、林業における非営利事業のモデルづくりでもある。相根さんは言う。

「この仕組みは、安全な建物の質を保ち、非営利で行うかぎり、どの林産地で使ってもらってもかまいません。一つの山から年間一〇〇件の住宅を建てれば、その山は再生します。一〇年後に一〇〇の山が再生することが目標です」

天然住宅の事業性は決して低くない。利益を求めていけば、大きな会社への成長も可能かもしれない。それでも、求める価値を環境の保全、日本の林産地の再興、人間らしい生活におき、あえて非営利事業として始めた。天然住宅のような社会的事業が今後も増えていけば、日本社会が変わっていくだろう。

資金面の課題をどう解決するか

この二つの例は、日本ではまだ数少ない大規模な非営利事業である。これから大きな社会的な課題に対して市民が社会的事業で対応する際や、長期的・継続的であることが必要な事業の場合に、大きな参考になるだろう。

営利・非営利を問わず、ある程度の規模の事業では、土地や建物などの資産（アセット）や多額の設備投資が必要である。営利事業であれば、配当を前提に資金を集められるが、非営利事業では配当の社会への再投資を目的としているため、出資を集めにくい。

今後、ある程度の規模の非営利事業を日本社会に生み出していくためには、資金面の課題の解決が不可欠である。そのためには、土地・建物の有効活用、税優遇措置を有効利用した民間資本の誘導など、行政による政策的な方向付けが必要なのではないだろうか。

4　ＮＰＯの資金調達（ファンドレイズ）

複数の収入源を組み合わせる

営利事業は、お金儲けによって経済活動を活発にし、社会や個人の経済的に豊かな生活を支えていく。一方、社会的な課題の解決そのものを事業にするＮＰＯは、新しい意味の豊かさを二一世紀の社会にもたらす存在である。それは、行政や市場では対応しきれない多くの課題に対して現場から対応できる新しい仕組みでもある。

ところが、ここまで述べてきたように、内容は意義深く、価値がある活動でも、それを事業として捉えた場合、一般企業並みの人件費を利益から捻出できるＮＰＯは、ほとんど存在しない。それどころか、とくに人権問題や環境問題などサービスの受益者から費用を取ることがむずかしいＮＰＯの場合は、事業収入だけで黒字になるモデルの作成は不可能とさえいえる。

営利事業では、たとえそれがどれほど社会的に有用であっても、収入より経費のほうが多い赤字事業の継続は基本的にあり得ない。しかし、ＮＰＯはあえて、あまり儲からない事業や儲かることはあり得ない事業を行う場合がある。そこにスタッフが必要であるのは、営利事業と変わらない。

生活している人たちの益になる、なかば公的なサービスを提供するＮＰＯを社会の機能として位置づけていくためには、ＮＰＯとお金の新しい関係をつくっていかなければならない。それは、ぐらんが一端を担ってきたＮＰＯセクターの事業資金のあり方を全体的に考え直すことでもある。

それでは、ＮＰＯが社会性と事業性を両立していくためには、どうすればいいのだろうか。実は、この問いには一つのはっきりした答えがある。それは、社会性のある事業を行うＮＰＯが、一方的に事業を社会に提供するのではなく、社会との関係性のなかで成り立っているという面を活かしていくことだ。言い換えれば、現在かかわっている人や団体だけではなく、広く市民や一般企業、行政や地方自治体などとの間で多様な関係性をつくっていくことである。

それぞれの団体の特徴を活かして活動に合ったお金を組み合わせていくためには、表13のようなＮＰＯに関する収入源をよく知っておかなければならない。

ＮＰＯには、一般の営利企業とは異なった多様な財源が存在している。これらの財源を組み合わせて社会性と事業性の両立を図っていく必要がある。それをファンドレイズ（資金調達）という。実際にＮＰＯを運営していくうえでは、資金調達の担当者であるファンドレイザーの役割は非常に重要となる。

表 13　NPO の収入源の概要と特徴

	収入項目	概　　要	特　　徴
【自己財源】	①会費	会員が定期的に支払うお金。サービスや財の利用料として支払われる場合は事業収入になる。	会員が継続すれば、毎年一定程度は安定的な収入が見込める。
	②寄付金	個人や法人が見返りを求めないで支払うお金など。	どんな方法で寄付を集めるのかによって使途の自由度も違うが、比較的自由度が高い。一方、収入見込みは立ちにくい。
	③本来目的の事業からの収入	NPO の本来目的の事業(たとえば、福祉サービスを提供しての料金収入など)からの売り上げ。	利益が出れば資金の自由度は高い。一方、企業との競争などもあり、リスクも高い。
	④本来目的以外からの収入	NPO の本来目的以外の事業(たとえば、福祉団体が空地を利用して駐車場経営をするなど)からの売り上げ。	利益が出れば資金の自由度は高い。一方、企業との競争などもあり、リスクも高い。また、本来事業の活動を阻害する可能性もある。
【他者財源】	⑤助成金	助成財団や基金、自治体、行政の外郭団体などから受ける資金。一定の審査がある場合が多い。	一回あたりまとまった金額が受けられることが多い。ただし、数に限りがあり、継続して受けることがむずかしい。また、資金の自由度は低い。
	⑥補助金、委託金	国・地方自治体から受ける事業に対する資金。一定の審査がある場合が多い。ただし、委託事業の場合は事業収入となる。	一回あたりまとまった金額が受けられることが多い。ただし、数に限りがあり、継続して受けることがむずかしい。また、資金の自由度は低い。
	⑦借入金	金融機関、団体、個人、NPO バンクなどから借りる資金、借金。擬似私募債。	返さなければならないので、返済の保証がなければ借りられない。NPO へ融資をする一般の金融機関は少ない。

(出典) 松原明『NPO 支援税制がよくわかる本』シーズ＝市民活動を支える制度をつくる会、2001 年。ただし、一部修正。

自己財源と他者財源

自己財源とは、ＮＰＯが会員やサービスの提供者から受ける継続的な会費、支援者から受ける寄付金、本来目的からの事業収入、本来目的以外からの事業収入を指す。

ここでいう本来目的の事業収入とは、そのＮＧＯのミッションに即した事業から得る収入であり、本来目的以外からの事業収入とは、ミッションとはあまり関係ない事業からの収入である。たとえば、環境問題をテーマにするＮＧＯが、その活動の啓蒙のために本を販売するのは本来目的であり、活動を安定させるためにＴシャツなどのグッズを販売するのは本来目的以外となる。本来目的からの事業収入は、一般的な営利企業であれば最重要視するが、ＮＰＯの場合は黒字にするのが簡単ではない。ただし、ここで一定の収入を得られれば事業は安定する。

一方で、社会で求められる役割は高いものの、本来目的の事業収入が少ないために、会員や支援者からの会費や寄付が集まる場合も多い。あるＮＰＯがたくさんの支援者をもち、継続的に会費収入や寄付金が多ければ、その団体が多くの人に信頼を受けていることを示している。

本来目的以外からの事業収入については、努力しだいでは確実な収入源になる。ただし、事業の安定化をめざすあまりに、本来目的とは離れた事業に力を入れすぎて、本末転倒になるケースもよくあるので、注意しなければならない。

自己財源は基本的にＮＰＯの自由に使用できるから、運営上も使い勝手がよい。いかに自己財源を増やしていくかは、ＮＰＯの運営にとってきわめて重要なポイントになる。

一方、他者財源とは、ぐらんが行うような助成金、行政などからの補助金や委託金（委託金は自己財源でもあるが、しばりがあるので、ここに入れた）、金融機関、個人、団体からの借入金を指す。何らかのルールのもとで資金をもらう場合と、借りる場合の二種類があり、助成金は典型的な前者である。それぞれの定義を以下に示そう。

助成金＝助成財団や基金などが自分で事業を行うかわりに資金を出し、助成先によって社会をよくしてもらうための資金。

補助金＝行政が社会的な事業に対して支援する資金。

委託金＝行政がするべきことを代わりに行うときに受け取る資金。

これらの多くは金額が大きく、ＮＰＯ側は運営面で大いに助かる。一方で、助成金と補助金は確実にもらえるかどうかがわからないし、委託金は委託が止まった段階で事業がなくなる危険性が高い。また、基本的に決められた部分にしか利用できないので、あまり使い勝手がよくない。

もう一つのタイプの他者財源は、借入金つまり借金だ。借りる対象は金融機関の場合も個人や団体などの場合もある。借入金は比較的自由に、必要に応じて資金調達できるが、ＮＰＯに貸す一般金融機関は少ない。また、必ず返すことを前提にしているので、事業収入の予定がはっきりしているとか委託が決まっているなどの確実性がないかぎり、頼りすぎるのは危険だ。

前述のようにNPO法人は出資を受けられないため、設立時や設備投資をする際に、資金を集めにくい。この問題に対しては、多くのNPOが活動の支援者を対象に擬似私募債を発行して、資金を集めている。これも借入金の一種である。

擬似私募債は、自ら発行した債権を身近な関係者に購入してもらって、設備資金や運転資金に充てるというものだ。前述のほっとコミュニティえどがわのように地域に根ざしたNPOでは、資金調達の一つとしてとても有効な手法である。しかし、契約(金銭消費貸借契約)に基づいた証書としてのルールがあるので、利息制限法や出資法などの法律について、事前に充分な調査をする必要がある。また、支援者や仲間のお金とはいえ、借金に変わりはない。決まった期間内での返済計画を立てたうえで、集めなければならない。

このように、NPOは社会的な事業を非営利で、つまり誰の儲けにもならない形で行なっているからこそ、営利企業にはない社会的な支援を受けられる。それらはまだ制度的に整理されていないが、事業のタイプや規模、事業の主体者の意思によって多くの選択肢がある。それを理解したうえで、専門的な知識をもって的確なアドバイスをし、実際にお金を集める支援機能もまた、今後の課題である。

5　ＮＰＯの支援を通じて未来をつくる

自分たちの手で問題を解決していく

この章の冒頭で述べた「なぜＮＰＯが必要なのか」という言い方は、実はあまりよい表現ではない。いま必要なのは、非営利事業という仕組みを使って何をしなければならないのかを考えることだ。私たち市民がＮＰＯに何かをしてもらうのではなく、ＮＰＯが生活に必要な仕組みであることを前提にしていくべきだろう。

それは、現代の社会にあるさまざまな問題を自分たちの手で解決していくということでもある。近年はっきりとしたかたちで表れてきた世界的な環境問題や食糧問題、日本の高齢化や地域経済の衰退、さらには地震などの災害の可能性とそれに対する対応の遅れなどは、日本社会が持続不可能な事態に近づいていることを示唆している。それらに対して、自分たちで新しい仕組みをつくりあげ、解決しようとするＮＰＯの存在は、ますます大きな意味をもつ。

環境問題や地方経済の衰退などの大きな原因は、資本主義経済における市場システムそのものにある。それは、これまでの経済活動の延長線上では、人間らしく生きる社会の仕組みが機能しなくなってきたということだろう。

そうした問題に対しては、政府などの公的セクターが対処するという考え方が基本である。公的セクターが税金をもとに社会システムを構築し、所得の再分配を行うなかで不平等や社会不安を是正していくことの重要性は今後も変わらない。しかし、現在の日本には五〇〇兆円を超える国債発行残高が存在し、さらに増加していくだろう。すでにいくつかの地方自治体の財政は危機的な状況になっている。高齢社会をむかえて財政にはますます余裕がなくなり、公的セクターによる社会システムの維持に多くを期待できない。

社会システムの機能不全によって生活の根幹が崩壊しかねないという危機感をもつ人びとは多い。国際的な協働、行政による施策、企業の努力、市民（地域）による試みなど、さまざまなセクターによって、それを解決していかなければならない。そのとき重要な働きを期待されているのが、ＮＰＯなどの市民セクターだ。社会システムの一部として、継続的なサービスを提供する事業を担えるＮＰＯを育てていくためには、私たちがもついろいろな資源を意識的かつ有効に使うとともに、積極的なＮＰＯへの参加が必要である。

この章の冒頭で、「ＮＰＯの可能性や役割がまだ充分に発揮されているとはいえない」と述べた。その可能性とは、必要な社会的機能を市民自らが継続的な仕組みでつくり出し、事業化し、崩壊しつつある社会システムを再構築すること、そして非営利型の「もうひとつの経済活動」を根付かせていくことだろう。

NPOを育てていく

NPOにとっては、目の前の課題を解決し、組織を維持していくだけでも大変だ。彼らは善意と責任感をもって社会的な活動をしている。それは尊い行為だが、NPOにただ任せるのではなく、社会の側にはそうした活動が継続できるような支援を行う責任がある。

実際にNPOで働くことは、とくに経済的な意味で、相当な苦労とリスクをともなっている。多くの場合、経済的に若干の余裕があるか、きわめて強い信念をもつ人以外は、NPOで長く働き続けるのはむずかしい。

一方で政府や地方自治体には、おもにコスト削減という理由でNPOセクターを利用したいという思惑が強い。そして、経済の一層の自由化という海外からの圧力があるなかで、今後の方向性を定めないまま、後期高齢者医療制度のような安易な制度改革や例外措置を行なったり、行政サービスの多くをNPOや株式会社に委託するなどの、対処療法的な施策を進めている。

しかし、そのような委託は、公的セクターが行うべきことを単に別のセクターに投げているにすぎない。その枠内では、NPOセクターが本当に行いたいことや行うべきことは、達成できない。

しかも、現状では営利セクターとの役割分担が整理されていない。地方自治体では、経済的な効率だけで格安の株式会社に委託する、あるいはNPOから株式会社に委託先を変えるなどの事例も見られる。収益が出なければ、営利事業は基本的にそこから撤退する。しかし、社会に必要なサービスは永続的に存在しなければならない。たしかにプロフェッショナルとしての質に達していないＮＰＯもあるが、行政は地域のＮＰＯを育てる方針をもつべきだろう。

短期的な財政削減だけを考えて、格安の営利企業に委託する施策によって、地域のなかで育てていくべきＮＰＯセクターが疲弊し、質的な向上も阻害されているケースは、決して少なくない。

さらに、必要以上の自助努力を求めることが適切ではない場合もある。たとえば、環境問題や人権問題のように本来目的の事業からの収入があまり見込めないＮＰＯや、非営利事業へ融資するＮＰＯバンク、ＮＰＯの育成を目的とした日本ＮＰＯセンターのような中間支援ＮＰＯは、日本社会を豊かにしていく基盤整備をしているといえるからだ。利潤と経済合理性で動く株式会社と同様の基準でＮＰＯを捉えるのは間違っている。

組織の維持をするために本来目的の事業以外に時間を取られて社会的活動ができなくなったり、あまりに低い収入ゆえに有能なスタッフが辞めてしまったりという現象も、よく見られる。これは、社会的な損失でもある。

既存の経済システムや公共サービスを超えて、将来の問題に対応する新たな社会システムがいま必要とされている。だからこそ、ＮＰＯの活動を阻害する問題を取り除いていかなければならない。公的セクターと営利セクターに加えて、ＮＰＯセクターを社会制度に組み込み、各セクターの特性を活かしながら、それぞれが効率的に事業を行うための環境整備を行わなければならない。そうした社会的な仕組みが、新しい地域社会・市民社会の形成には欠かせない。

そして、ＮＰＯを日本社会にきちんと位置づけていくためには、さまざまなバックアップが必要である。最後に、実際にどんな支援ができるのかについて、セクター別に整理してみたい。

市民ができること

私たち市民がＮＰＯの活動に賛同した場合、できることはたくさんある。行動するとなると意外にハードルが高いかもしれないが、どんな形でもよいので、実際にかかわってみることが大切だ。

①企画へ参加する

分野によって参加方法は違うが、ほとんどのＮＰＯには活動をアピールするための企画がある。こうした企画への参加は、時間に余裕さえあればもっとも簡単だ。ホームページやパンフレットに比べて、活動内容がよく見えるという利点もある。企画に参加したら、一度でいいから、ボランティアで活動に参加してみてほしい。

②寄付をする

資金面で余裕がないＮＰＯにとって、賛同する市民からの直接寄付は額の多少にかかわらず、とても助かる。認定ＮＰＯ法人[6]ならば寄付金が税金控除の対象になるので、資産に余裕のある人が多額の寄付をする場合に適している。ただし、認定ＮＰＯ法人になるためには、経常収入金額に占める寄付金収入の割合が一定の基準以上である、共益的な活動の占める割合が五〇％未満であるなどの要件が求められ、ほとんどの団体が認定の対象にならない（二〇〇八年一二月一日現在、八九法人）という問題がある。

直接寄付に加えて、ぐらんのような間接寄付の方法もある。第3章で述べたように、寄付者とＮＰＯとを結ぶ仲介をする助成団体への寄付は、より大きな成果を生む場合もある。趣旨に賛同でき、信頼できる助成団体があれば、そこに寄付するのも一つの有効な方法だろう。

③会員になる

活動内容に賛同し、継続的に応援しようと思ったら、会員になって、活動に主体的に参加していこう。当然だが、ＮＰＯ側にとってもうれしいものである。それぞれのルールによって会員の位置づけはいろいろだが、継続的に活動状況を知り、意見を述べていくことができる。また、会費を納めて支えるのは、ＮＰＯへの基礎的な支援として非常に重要である。

④ＮＰＯバンクへ出資する

ＮＰＯバンクは、ＮＰＯへ融資をするために市民がつくった非営利の金融機関である。市民から出資を受けてＮＰＯへ貸し出し、有効に利用される。出資に対する配当はないし、元本の保証もされないが、寄付と違って払い戻しは可能である。また、ＮＰＯバンクが必要だと思えば、市民が自分たちでつくることもできる。

企業ができること

これまでの企業は、社員を雇い、効率的に利益をあげ、株主に配当し、税金を納めることが社会の重要な役割だった。しかし近年は、企業の社会的責任（ＣＳＲ＝Corporate Social Responsibility）という新たな役割が期待されている。それは、企業も社会の一員であるからには自発的に地域住民・地域社会・環境などに配慮する必要があるという考え方で、日本でも徐々に根付いてきた。ＣＳＲの推進は企業にとって、イメージアップ、良質な人材の確保、投資家の拡大など、さまざまなプラスの影響がある。

①お金を寄付する

ＮＰＯ側から見た場合、企業による寄付はとても大きな意味がある。それは、金額にとどまるものではない。それ以上に、活動の社会的な価値を認めてもらったという側面が重要だ。

いままでは、多くの企業が社会的な活動を行うＮＰＯへ寄付をしている。ただし、大きな自然災害があった場合の緊急支援に偏りがちで、そのために寄付先のＮＰＯが固定化する傾向がある。それ自体に問題があるわけではないが、多様な団体へ寄付をしていけば、寄付金がより活かされる。寄付をするＮＰＯの選択は企業にとってむずかしいと思うが、いくつかの方法がある。たとえば、自らの事業のテーマに近いＮＰＯにしぼる、地元のＮＰＯを支援する、中間支援ＮＰＯと連携して有名ではないＮＰＯへ寄付するなどだ。これらは、企業側にもＮＰＯ側にもメリットがあるだろう。

社員がＮＰＯに寄付をするとその同額を寄付する「マッチング」と呼ばれる方法で寄付をする企業もある。これは、社員の社会性や善意を応援し、会社とともに育っていくという意味で、すぐれた仕組みである。

②お金以外のものを寄付する

企業のもつインフラの寄付である。古くなったパソコンや机でもいいし、会社のもつ物流機能の一部やホームページ・パンフレットなどの広報の一部の提供でもいい。企業からすればちょっとした行為でも、ＮＰＯ側にとってはきわめて大きな意味をもつケースが多い。社員のＮＰＯへの出向という形での人的な支援、就業時間の一部を使った専門的なスキルの支援、あるいは単純なお手伝いなどは、ＮＰＯに役に立つと同時に、社員の視野が広がり、経験を積めるという点で、人材育成効果も大きい。

地方自治体ができること

地方自治体は、社会サービスを提供するNPOとの間で地域内パートナーシップを組む機会が多い。NPOが社会に必要な機能となるためには、地方自治体がどう考え、何をするのかが重要である。

①NPOを自治体の機能として位置づける

地域で社会サービスを提供する主体として、NPOの役割は今後ますます大きくなっていく。NPOのメンバーは多くの場合、その地域で生活する市民であり、サービスの提供者であるとともに受益者でもある。NPOを地域サービスの提供主体のひとつとするためには、自治体が長期的な視野に立って政策的にNPOセクター全体を支援することが不可欠である。NPO側も、継続的な社会サービスを提供する主体として、サービスの質や透明性の確保などのレベルを高めていかなくてはならない。

②適正な価格で委託する

NPOへの委託が費用削減の一環として行われている場合が少なくない。しかし、人件費を充分に払えない事業体に優秀な人材は多く集まらない。社会サービスをNPOへ委託するときは、正当な費用を支払うべきである。それでも、自治体が行う場合の人件費よりはかなり安い。また、NPOを必要な存在として政策的に位置づけていけば、新しい試みに対する初期投資に多少の費用がかかったとしても、長期的には正当な人件費を払ったうえで、自治体の人件費や施設の維持管理などのコストが削減でき、サービスの質も高くなるはずだ。

③パーセント法を導入する

パーセント法はハンガリーで一九九六年に成立したユニークな法律で、納税者が所得税のうち一％程度を自分が選択した公益的な団体へ提供できる。日本では、二〇〇四年一二月に市川市（千葉県）が一％条例（市川市納税者が選択する市民活動団体への支援に関する条例）を導入した。市民が希望すれば、市民税の一％が市民自身が選択したＮＰＯへの助成金になるのである。他自治体ではまだ導入されていないが、市民とＮＰＯとを結ぶこうした仕組みは、地方自治体ができるＮＰＯへの大きな支援である。

国のできること

将来の日本社会で人間らしく暮らしていくためには、非営利事業や社会的事業がどう発展するかが大きなポイントになるだろう。また、最近はＮＰＯ法の改正、公益法人制度の改革、公益信託制度の変更など、ＮＰＯに関連する法律が次々に変わりつつある。その結果についてはまだはっきりしないが、これらの改革がＮＰＯセクターを発展させることを期待したい。

①非営利事業や社会的事業のグランドデザインを作成する

日本社会はいま、グローバリゼーションと新自由主義による格差の拡大、エネルギー問題や食糧問題、少子高齢化による社会構造の変化など、前例のない大きな岐路に立っている。そのなかで、社会的なサービスを行う意思と能力をもつNPOを、グローバリゼーションと切り離した社会保障機能のひとつとして、国内で完結した仕組みのもとに位置づけるべきではないだろうか。

近年では、二〇〇〇年代初頭にイギリスで非営利セクターの社会的な見直し(7)が行われた。その際に、コミュニティ利益会社(CIC＝Community Interest Company)という社会的企業のための新たな法人格がつくられ、社会的企業(ソーシャル・エンタープライズ)を明確に位置づけた。同様に欧州各国では、それぞれの社会の実情にあった形で、社会的企業への支援策を進めている。韓国でも、〇七年に社会的企業育成法が制定された。こうした諸外国の例は、今後の日本のグランドデザインをつくるうえで参考になると考えられる。

②NPO法をよりよい形に改正する

二〇〇八年度はNPO法の見直しの年だった。見直しのポイントは、名称の「市民活動促進法」への改正、認証にかかる期間の短縮などに加えて、認定要件がきわめて煩雑で厳しい認定NPO法人制度の改正である。これらによってNPOが寄付を受けやすくなれば、NPOセクターの財政基盤が大きく好転すると期待される。

この問題については、日本を代表する中間支援組織であるNPO法人シーズ・市民活動を支える制度をつくる会[8]が、よりよいNPO法の制定をめざして内閣府や国会議員との間でロビー活動を重ねている。収益は生まないが、今後のよりよい社会をつくるためのこうした活動に対しては、多くの市民や企業による資金面の援助が求められる。

③NPOが活動しやすいように公益法人と公益信託を変える

公益法人とは、公益を目的として設立された財団法人や社団法人などを指す。二〇〇八年一二月に、一〇〇年ぶりの制度改革が施行された。この改革では、公益財団と公益社団のあり方が抜本的に見直され、中間法人を統合して一般財団・社団と公益財団・社団の二つの分野に分け、簡単に法人格が取得できる代わりに公益認定を厳しくしている。

これによってNPOセクターがどう変化するのか、もしくは変化しないのかは未知数だが、公益信託の改正にも影響する大きな問題である。〇七年は信託業法の改正に際して、株式会社しか参入できなかった信託業[9]へNPOや弁護士も参入できるような付帯決議が国会でなされた。NPOが善意のお金や資産を信託財産として受けられるようになれば、NPOセクターの資金面の課題が大きく好転する可能性がある。これらの改正が今後どうなるのか注目していきたい。

④非営利金融機関(NPOバンク)を法的に位置づける

NPOを育てていくためには、そのインフラも同様につくっていく必要がある。そのひとつであるＮＰＯバンクは二〇〇八年一二月現在、北海道から愛知県まで一〇あり、さらに多くの地域で設立が計画されている。しかし、市民の出資を財源にしてＮＰＯへ融資するＮＰＯバンクには、さまざまな法的な制約が存在する。金融商品取引法によって出資を、貸金業法で融資を規制され、またＮＰＯ法では出資を受けられないためにＮＰＯ法人格も取得できない。

これらの問題はすべて、非営利で金融業を行うという事態を誰も想定していなかったために、ＮＰＯバンクがいわゆるサラ金と同様にみなされていることが原因である。

ＮＰＯバンク側が金融庁や国会議員へ働き掛けた結果、〇五年度の金融商品取引法改正では「配当しない投資性のない出資」の存在を規定する文章が入り、〇六年秋の資金業規制法改正では「市民活動を支える新たな金融システムを構築する観点から、法施行後二年六月以内に行われる見直しに当たり、非営利で低利の貸付けを行う法人の参入と存続が可能となるよう、法律本則に明記することなど、必要な見直しを行うこと」との付帯決議が行われるなど、ようやく今後の非営利金融制度の道筋がつけられた。こうした新しい社会的なインフラを市民がつくっていこうとする動きについては、ぜひ行政が積極的に支援していってほしい。

⑤社会的投資や減税制度の新たな仕組みをつくる

非営利事業への資金提供という面では、融資という間接金融だけではなく、社会的投資のような直接金融の手法も必要である。ＮＰＯ法人に出資ができないことで事業資金が集まらないのであれば、市民が出資というかたちで非営利事業を支える新しい仕組みをつくっていかなければならない。その際には、法人格と税金の優遇などのインセンティブ[10]が重要なポイントとなるだろう。

一人ひとりの小さな活動が社会を豊かにする

個人や団体によるＮＰＯの支援は、善意でお金を出すことだけを意味しているわけではない。お金を出す場合も、出し手は支援するＮＰＯをとおして社会を自分の望む方向へ積極的に変えていこうとしているのであり、それは自分自身がどう社会とかかわっていくのかという生き方の問題である。

生活クラブ生協の一つの活動として生まれたぐらんは、時代の変化のなかで生協という限定されたメンバーシップを超えた社会的なＮＰＯ支援の仕組みに育っていった。それは、直接ＮＰＯで活動ができなくとも、気持ちや思いを同じくする団体に対して「お金を出す」という形で応援し、その後も交流していく活動であり、誰でも参加できるところに大きな価値をもつ。

私たちは、小さい個人の力を集めることで一つひとつのＮＰＯの支援だけではなく、ＮＰＯセクターという分野全体を応援する仕組みをつくり、多くの人たちに助けられながら運営してきた。その結果、小さな活動であっても、これまで支援してきた団体を通じて社会を豊かにできたと実感している。

そうした実感を多くの人や企業がもつことが、結果として未来をよりよくしていく。この本の読者がさまざまな形でＮＰＯを支援することによって、未来をつくる一人になっていただければと思う。

(1) ボランティアは本来「自発的」という意味であり、無償かどうかとは別の議論になる。一般的に「ボランティアは無償である」という感覚があるが、実際の現場では、完全な手弁当ではなく交通費や食事代を支払う場合や、謝礼という意味合いで少額の金銭を支払う場合もある。ここでいう「有償ボランティア」は、少額の謝礼程度の金銭の受け渡しがあるものを指している。
(2) 高齢化や核家族化の進展などを背景として、要介護者を社会全体で支えることを目的に導入された。要介護者は状態に応じて公的に認定され、費用の九割が公費と保険料によって給付される。介護サービス事業者が安定した事業収入を得られた反面、制度の見直しによって収入が大きく左右されることが問題となっている。
(3) 社会的な目的をもったビジネスを行い、その事業から得られた利益を、株主や事業主の利益を最大限に増やすためではなく、おもに社会的な目的のためにコミュニティなどに再投資する事業体。法人格はＮＰＯ法人に限らず、協同組合、有限会社、株式会社なども含む。
(4) 「特定非営利活動法人は出資を受けることができない」と法律に明文化されているわけではないが、実質的には出資を受けられない。それは、非営利組織であるために出資に対して配当を出すことはできず、さらに法人の解散時に出資者に拠出金の還元ができないからである。これによって、ＮＰＯ法人の資金調達がむずかしくなり、大きな事業を行いにくいという問題が生じている。

（5）二〇〇一年に中間法人法に基づいて設立された法人。社員に共通する利益を図ることを目的とし、かつ剰余金の社員への分配を目的としないことが要件となっている。ただし、公益法人制度改革にともない、〇八年一二月以降は新公益法人法に位置づけられ、その施行後は一般社団法人へ移行する。

（6）NPO法人のうち、一定の要件を備えて国税庁長官の認定を受けた法人。認定を受ければ、当該法人へ寄付をした個人や企業などが納める税金が軽減される仕組みで、いわば寄付を促進する税制。認定NPO法人が行う収益事業に対する法人税も軽減される。

（7）二〇〇二年九月にイギリス内閣府の戦略ユニットから、「Private Action, Public Benefit : A Review of Charities and the Wider Not-For-Profit Sector」（私的行動、公的利益――チャリティおよび広義の非営利目的セクターの見直し）というレポートが提出された。これに先立つ二〇〇〇年一〇月にはイギリス財務省の戦略ユニットから、「Enterprising Communities : Wealth beyond Welfare」（起業するコミュニティ――福祉を超えて）というレポートが提出されている。これらの提言が、非営利セクターと社会的事業の社会的見直しの基礎となった。

（8）市民活動を支える仕組みや制度をつくることを目的に、一九九四年に設立された市民団体。九八年のNPO法の成立や二〇〇一年の認定NPO法人制度の制定に至る立法過程で、市民サイドの中心的な役割を担った。現在はNPO法や認定NPO法人制度をより使いやすいものに変える基盤整備などの活動を行なっている。〒一六〇―〇〇二一東京都新宿区歌舞伎町二―一九―一三ASKビル九〇三、電話〇三―五二九二―五四七一　FAX〇三―五二九二―五四七二

（9）信託の引き受けを行う営業行為。信託業法によって、内閣総理大臣の免許または登録を受けた信託会社のみが営むことができる。なお、付帯決議の実施は「時期尚早」という理由で、二〇〇八年段階

ではペンディングとなっている。

(10) NPOまちぽっとの「非営利金融・アセット研究会」では、これらの課題について、社会的事業への資金提供に対して減税する「社会的エンジェル減税制度(仮)」、NPOによる土地や建物の信託の仕組み、市民が行う非営利金融機関や非営利事業に出資できる法人格などの新たな制度をつくっていくことで解決できるのではないかと考え、研究を重ねている。

あとがき

お読みいただいて、いかがでしたでしょうか。ぐらんや助成したＮＰＯについて語るだけではなく、市民事業への支援についての提案も示し、視野を拡げた内容をめざしました。

巻末にある助成団体一覧表を作成するにあたり、各団体に確認のためのお電話を差し上げたところ、ずいぶん前のことであるのに、「あのときは助かりました。いただいたお金はしっかりと使わせていただきました。一〇〇団体へ助成とは素晴らしいですねー」と言われて、うれしく思ったものです。

本書の発刊は、多くの方々のご協力のお陰です。ぐらんを支えてきてくださった寄付者の皆さん、忙しい活動の合間に取材に応じてくださった助成団体の皆さん、ボランティアでぐらんの活動を支えてくださった歴代の運営委員の皆さん、資料を提供いただいた生活クラブ生協、発刊の財政的支援をいただいたトヨタ財団、編集に多大なお力をいただいたコモンズの大江正章さん、本当にありがとうございました。

ぐらんはさらに大きく、拡がっていきます。これからも皆さんのご支援を、どうぞよろしくお願いいたします！

樋口　蓉子

助成したアジアの団体

住所・電話・メール・HP	助成の対象となった活動
info@minsai.org http : //www.minsai.org/	タイ；中学校の制服を作成。貧しい生徒に無料で配布、地域事業を創出
info@sva.or.jp http : //www.sva.or.jp/	カンボジア；カンボジア民話絵本の出版と読み聞かせ
janni@jca.apc.org http : //www.jca.apc.org/˜janni/	インドネシア；マングローブ伐採による影響調査と、工業団地の排水・河川への影響調査
info@ngo–jvc.net http : //www.ngo–jvc.net/	ベトナム；農薬を使わなくても害虫が駆除できる、アヒルを使った水稲の普及
info@mekongwatch.org http : //www.mekongwatch.org/	タイ；メコン川流域開発の影響に関する現地 NGO との共同調査
deknoylao@yahoo.co.jp http : //homepage 2.nifty.com/aspbtokyo/	ラオス；ラオス人作家による絵本の現地出版、子ども文化センターの運営
info@cyr.or.jp http : //www.cyr.or.jp/	カンボジア；遊びながら学べる絵入り識字教育教材「クメール文字表」の製作
info@ngo–jvc.ne http : //www.ngo–jvc.net/	タイ；「地場の市場プロジェクト」で村の朝市の充実と安定的な運営
hq–erecon@nifty.com http : //www.erecon.jp/	タイ；農家間の堆肥ネットワークづくりを進め、持続的な農業生産体系を確立
hginfo@hofg.org http : //www.hofg.org/jp/	東ティモール；ドラッグやエイズ蔓延を防ぐための、独立記念スポーツイベント開催
toiawase@baj–npo.org http : //www.baj–npo.org/	ベトナム；視覚障がい者による按摩をベトナムの当事者へ紹介して就業支援
kodomo@knk.or.jp http : //www.knk.or.jp/	カンボジア；保護施設を出た青少年への専門的な職業訓練や高度な教育サポート
imadrjc@imadr.org http : //www.imadr.org/japan/	インド；ダリットと呼ばれる被差別カーストの子どもたちのデイケアセンターの運営
info@techjapan.org http : //www.techjapan.org/	スリランカ；3つの現地プロジェクト(裁縫技術の取得、保育園の設立、図書館の再建)
info@ican.or.jp http : //www.ican.or.jp/	フィリピン；ミンダナオ島の紛争によって被害を受けた子どもの平和構築事業

	団体名	住所・電話
99年度	日本民際交流センター	新宿区早稲田鶴巻町 518 司ビル 301 ☎03–5292–3260
00年度	社団法人シャンティ国際ボランティア会	新宿区大京町 31 慈母会館 2・3 階 ☎03–5360–1233
	日本インドネシア NGO ネットワーク	台東区東上野 1–20–6 丸幸ビル 5 階 ☎03–5818–0507
	NPO 法人日本国際ボランティアセンター	台東区東上野 1–20–6 丸幸ビル 6 階 ☎03–3834–2388
01年度	NPO 法人メコン・ウォッチ	台東区東上野 1–20–6 丸幸ビル 2 階 ☎03–3832–5034
	NPO 法人ラオスのこども	大田区南馬込 6–29–12 ミキハイツ 303 ☎03–3755–1603
02年度	認定 NPO 法人幼い難民を考える会	港区元麻布 3–2–20 丸統麻布ビル 2 階 ☎03–3796–6377
	NPO 法人日本国際ボランティアセンター	台東区東上野 1–20–6 丸幸ビル 6 階 ☎03–3834–2388
03年度	NPO 法人環境修復保全機構	町田市小野路町 2987–1 ☎042–736–8972
	NPO 法人ハートオブゴールド	岡山市西辛川 872–2 ☎086–284–9700
	認定 NPO 法人ブリッジエーシアジャパン	渋谷区本町 3–39–3 ビジネスタワー 4 階 ☎03–3372–9777
04・05年度	NPO 法人国境なき子どもたち(knk)	新宿区下落合 4–3–26 ☎03–6279–1126
	反差別国際運動	港区六本木 3–5–11 松本治一郎記念会館 ☎03–3568–7709
06・07年度	NGO TECHJAPAN	目黒区中目黒 1–4–18–401 電話はなし
07年度	NPO 法人アジア日本相互交流センター(ICAN)	名古屋市中村区松原町 1 丁目 24 番地 Combi 本陣 N 103　☎052–908–9314

(注 1) タイ・日本民衆交流フォーラム、移動図書館事務所タイ、CDRCP は、現在の連絡先が不明。

住所・電話・メール・HP	助成の対象となった活動
info@npo–nire.org http : //npo–nire.org/	発達障がい児への支援活動
kidsroomgrandma@ybb.ne.jp http : //www.geocities.jp/kidsroomgrandma/	夕食付学童保育事業の立ち上げ、食事会を通じての地域づくりなど
mouse@kktstep.org http : //www.kktstep.org/	障がいのある人のパソコン利用を支援する入力機器の研究開発、普及
materia@tbh.t–com.ne.jp http : //www 2.tbb.t–com.ne.jp/materia/	不登校、引きこもりに対する自立支援
mchikako@jcom.home.ne.jp —	菜の花とひまわりの種を搾油、精製するバイオディーゼル燃料の製造
info@florence.or.jp http : //www.florence.or.jp/	「子どもレスキューネット」による病児保育問題の解決
koutoumatidukuri@yahoo.co.jp http : //heartland.geocities.jp/koutouminnanoie/	共生型小規模多機能施設「みんなの家」づくり
ccs@e–mail.jp http : //www.ccs–ngo.org/	在住外国人の子どもへの、学生による学習支援とエンパワメント
—	環境変化を知る基礎データとしての重金属およびダイオキシン調査活動
nayu@m 2.hinocatv.ne.jp http : //www.geocities.jp/nanayamaryokuchi/	里山と農地を子どもたちの総合学習の場としていく
openspace@be–here.gr.jp http : //www.be–here.gr.jp/	引きこもりや不登校などの青少年が、ゆっくり社会参加を準備する居場所
munenkin@nifmail.jp —	過去の国籍要件を理由に無年金のままでいる当事者への支援
inkyono–nego 10@tim.hi–ho.ne.jp http : //www.age.ac/˜dojo/	環境汚染の目安である地下水の調査などによる環境保全
s–maruyama@pop 12.odn.ne.jp —	高校入学試験という壁がある、日本語を母語としない中学生への支援
hbd–vivid@coast.ocn.ne.jp http : //www.geocities.jp/npovivid/	「見えない障害」と呼ばれる高次脳機能障害の支援とその仕組みづくり
info@npoposse.jp http : //npoposse.jp/	若者の劣悪な就労状況を改善するための法律相談やセミナー

える市民の会、虹の会、TSF 低床バスとその利用者を増やす会、Poppy's Support Party、ジとあゆむ会、都立駒込病院感染症科外来内 HIV 陽性者患者会「K ラウンジ」、難病患者東大農場のみどりを残す市民の会。

	団体名	住所・電話
05年度	教育サポートセンター NIRE	品川区中延 5–6–14 第一亀田ビル 2 階 ☎03–3784–0450
	NPO 法人グランマ富士見台	練馬区貫井 3–28–6 ☎03–3825–0021
	NPO 法人こことステップ、ネットワーク杉並ここと	杉並区天沼 1–6–3　田中崇 ☎03–3393–1833
	NPO 法人セカンドスペース八王子支部「まてりあ」(カウンセリングスペースまてりあ)	八王子市高尾町 1758 第一ねぶた荘 202 号 ☎042–662–8708
	西東京菜の花エコ・プロジェクト	西東京市泉町 3–12–25 パスレル保谷 2 階 ☎042–422–9001（茂木方）
	NPO 法人フローレンス	新宿区下宮比町 3–1 津多屋ビル 3 階 ☎03–3235–6206
06年度	江東まちづくり研究舎	江東区北砂 1–3–43–102 ☎03–3640–5331
	CCS 世界の子どもと手をつなぐ学生の会	なし
	せたがやごみをへらす会	世田谷区砧 3–11–10–306 ☎03–3749–1085
	なな山緑地の会	多摩市和田 1394–13 高木方 ☎042–371–7587
	人の泉・オープンスペース“Be!”	世田谷区赤堤 1-15-13 ☎03-5300-5581
07年度	在日無年金問題関東ネットワーク	千代田区神田錦町 3–11–8 武蔵野ビル 5 階 DPI 障害者権利擁護センター気付　電話は非公開
	どぜうの会	町田市成瀬台 1–11–27 ☎042–739–0080
	日本語を母語としない中学生のための日本語教室	町田市原町田 4–9–8 町田市文化・国際交流財団町田国際交流センター　☎042–722–4260
	NPO 法人 ViViD	新宿区歌舞伎町 2–19–13　ASK ビル 601 ☎03–5849–4831
	NPO 法人 POSSE	世田谷区代沢 5–32–5 シェルボ下北沢 301 号　☎03–5779–1890

(注 1) 以下の団体は活動を終了ないし停止・休止した。多摩平の緑と団地建て替えを考
　秋水園問題を考える市民集団、障害児放課後自主グループどんくり、ミックスマリッ
　と付添い家族の支援ぐるーぷ・アリス、やまびこの会、NPO 法人ユニークフェイス、

(注 2) 生きる場づくりの会、フォーザチルドレンは、現在の連絡先が不明。

(注 3) 07 年度の 1 団体は、助成期間中に事業内容の変更があったため助成金を辞退した。

住所・電話・メール・HP	助成の対象となった活動
center@npobunka.net http : //www.npobunka.net/	子どもと青年と学びの場、居場所づくり
wanpaku–club@npo–jp.net http : //www.wanpaku–club.npo–jp.net/	障がい児の学童保育
info@einstein–project.gr.jp http : //www.einstein–project.gr.jp/	学校向けに約400台の中古パソコンを寄贈
tokyo@tabunka.jp http : //www.tabunka.jp/tokyo/	外国籍中学生のための、多言語による進路ガイダンスや個別進路相談
tomoninet@jcom.home.ne.jp http : //members.jcom.home.ne.jp/tomoninet/	障がい者の個別ニーズに応じた、余暇支援活動や宿泊体験活動
—	都立公園での植樹、花壇づくり、維持管理
aji–sun@nifty.com http : //www.sakura–kai.net/	難病介護ヘルパーの養成・紹介、行政への陳情、ピアカウンセリング事業
ecomesse@npo–ecomesse.org http : //www.npo–ecomesse.org/	環境教育・省エネ教育を行い、市民共同発電所設置に向けた理解を深める
— http : //ameblo.jp/sumidagawa–health/	野宿生活をする人を対象に月1回、医療相談会を開催
— http : //www.peacet.jp/	子どもへの暴力防止プログラム(CAP)と、性教育プログラム
office 1@npo.moyainokai.com http : //www.moyainokai.com/	障がい者の経済的自立をめざす作業所を設立
—	音訳と朗読活動を行うにあたって必要な録音機材と調査資料の補充
awn 0873@nifty.com http : //www.awn–net.com/	野宿者自身による、便利屋事業を通じた就労プロジェクト
—	子育て真っ最中の家族や見守る地域をつなぐシンポジウムの開催
letter@toy–donguri.net http : //www.toy–donguri.net/	リハビリや学習に役立つ遊具を無料貸出用に製作
info@just.or.jp http : //www.just.or.jp/	DV被害者・性犯罪被害者・ひきこもり・不登校・摂食障害などへの支援
nanborakoto@yahoo.co.jp http : //www.geocities.jp/mittunoha/	難病患者会活動へのボランティア活動、学習会・講座、交流活動など

	団体名	住所・電話
01年度	NPO法人文化学習協同ネットワーク	三鷹市下連雀1–14–3 0422–47–8706
	NPO法人わんぱくクラブ育成会	住所は非公開 ☎03–5799–4200
02年度	NPO法人アインシュタインプロジェクト	名古屋市昭和区小桜町3–11　羽ね屋敷1F くれよんBOX気付　電話は非公開
	NPO法人多文化共生センター東京	荒川区西日暮里1–5–8 ☎03–3801–7127
	NPO法人だれもがともに小平ネットワーク	小平市天神町1–353–4 ☎042–308–3732
	NPO法人みんなの森の会	世田谷区船橋1–52–8　畠山孝雄 ☎03–3482–3447
03年度	NPO法人ALS/MNDサポートセンターさくら会(中野難病家族会)	中野区中央3–39–3 ☎03–3380–2310
	環境まちづくりNPOエコメッセ	世田谷区桜新町2–31–5 ☎03–5799–4808
	隅田川医療相談会実行委員会	非公開
	PEACE暴力防止トレーニングセンター	住所は非公開 ☎042–490–0900(月、水、金)
	NPO法人もやいの会	町田市鶴間426-4第2ブラッキービル201号室　☎042–788–2039
04年度	R.S.の会	世田谷区玉川2–1–15玉川ボランティアビューロー(月曜)　☎03–3707–3528
	企業組合アジア・ワーカーズ・ネットワークあうん	荒川区西日暮里1–36–10 ☎03–5604–0873
	台東区子育てを支えあう地域ネットワーク	台東区三筋1–1–18–702　碓氷州恵 ☎03–5687–5701
	TOY工房どんぐり	世田谷区代田2–20–6代田ボランティアビューロー内　☎03–3419–4545(ビューロー代表番号)
	NPO法人日本トラウマ・サバイバーズ・ユニオン	港区東麻布3–7–3久永ビルB1 ☎03–5574–7311
	なんぽら江東(難病ボランティア江東の会)	非公開

メール・HP	助成の対象となった活動
medio@nifty.com http : //homepage 3.nifty.com/medio/	医療被害相談のための、電話設置と運営
— http : //www.onyakuippo.com/	視覚障がい者への録音テープ図書製作と、その貸し出し
fujiki@ad.cyberhome.ne.jo —	車椅子ごと乗ることができる、低額料金のハンディキャブの運行
— http : //www.himawarimama.org/	子育て中の人をサポートする活動
access@access–all–japan.jp http : //www.access–all–japan.jp/	障がい者が公共交通施設を実際に使い、バリアフリー化をめざす
info@sokuon–net.org http : //www.sokuon–net.org/	温室効果ガス排出についての啓発パンフレットの作成、学習会の開催
tanuki@tanuki–yama.com http : //www.tanuki–yama.com/	冒険遊び場をつくるための施設費
jfcnet@jca.apc.org http : //www.jca.apc.org/jfcnet/	日本男性とフィリピン女性の間に生まれ、扶養義務が果たされない子の支援
dendenroom@ybb.ne.jp http : //blogs.yahoo.co.jp/dendenroom	子育てネットワークを広げるためのミニコミ誌発行、リサイクルショップ
—	障がい児が楽しく馬に乗ることで、心身のリハビリを行う
yanaka@muh.biglobe.ne.jp http : //www 5 a.biglobe.ne.jp/~yanaka/	環境生物測定と環境学習としての、クモ類の調査研究
gomigosi@tokyo.interq.or.jp http : //www.interq.or.jp/tokyo/gomigosi/	市民の手によるダイオキシン土壌調査
single–m@big.or.jp http : //www 7.big.or.jp/~single–m/	児童扶養手当の拡充に関する行政交渉、書籍出版など
—	少年犯罪の相談・ケースワーク、電話相談、不登校、引きこもり相談
doronkonokuni@mnx.jp http : //www.geocities.jp/doronkonokuni 2000/	日野市内にプレーパークをつくり運営するための活動
—	障がいをもった子どもたちの放課後および長期休暇の学童保育
—	女性に対する暴力防止の啓発と、被害女性へのシェルターの提供

	団体名	住所・電話
98年度	医療事故市民オンブズマン・メディオ	住所は非公開 ☎045–471–1881
	点訳・音声訳集団　一歩の会	練馬区高松 2–16–12 ☎03–3577–5666
	ぱんだの会(とまと)	府中市住吉町 2–30–41–707 ☎042-366-5133
	NPO 法人保育サービスひまわりママ	武蔵野市境南町 2–10–24 ☎0422–32–3322
99年度	アクセスジャパン(アクセス東京)	住所は非公開 ☎03–3936–6777
	NPO 法人足元から地球温暖化を考える市民ネット・えどがわ	江戸川区東小松川 3–35–13 ニックハイム船堀 204 小松川市民ファーム内　☎03-3654-9188(留守電)
	子ども広場あそべこどもたち	町田市南大谷 264 都営アパート 2–302　大野浩子　☎042–727–5242
	NPO 法人 JFC ネットワーク(JFC を支えるネットワーク)	新宿区西新宿 4–16–2 西新宿ハイフォーム 206　☎050–3328–0143
	NPO 法人でんでん子ども応援隊(伝々ニュース編集局)	北区十条仲原 1–27–3 ☎03–3905–2355
	とっぽの会(足立ポニーフレンド)	住所は非公開 ☎03–3887–7375
2000年度	小山田ごみ問題を考える会環境生物測定部会	非公開
	NPO 法人市民の手によるダイオキシン実行委員会ごみ問題 5 市連絡会	非公開
	NPO 法人しんぐるまざあず・ふぉーらむ	豊島区長崎 5–1–31–819 ☎03–5995–3711(木曜 19 : 00～21 : 00)
	ドロップインセンター(世田谷教育研究所)	狛江市岩戸北 3–19–6–107　市川行康 ☎03–5761–7684
	どろんこの国	なし
01年度	すばる(たけのこクラブ)	青梅市今井 3–13–10　寺山初江 ☎0428–32–4373
	多摩で DV を考える会	立川郵便局止め 電話は非公開

助成した都内の団体

メール・HP	助成の対象となった活動
t–adachi@gamma.ocn.ne.jp —	聴覚障がい者の社会参加を支援、子どもの手話交流
tsubasa@age.jp http : //www.age.jp/~tsubasa/	重度障がい者の自立生活推進活動
tokyoact@maple.ocn.ne.jp http : //www 4.ocn.ne.jp/~tokyoact/	在宅介護のコーディネート
info@teenspost.jp http : //www.teenspost.jp/	子どもの人権についての手紙相談サービス
paiyaki@kc.catv.ne.jp http : //www.setagaya–haru.com/index.htm	心の病をもつ人の健康回復のための菓子製造店舗つき作業所
mizuki–npo@tiara.ocn.ne.jp http : //www.npo.lsnet.ne.jp/mizuki/pages–1	地域に密着した、市民参加による小規模型のデイサービス
apfs@jca.apc.org http : //www.jca.apc.org/apfs/	超過滞在外国人の相談事業
global–citizen@janic.org http : //www.janic.org/	日本の NGO 活動の向上と推進
—	精神障がい者の作業所でのコットン製品の製作販売と文化事業
komugi@leaf.ocn.ne.jp http : //www.normanet.ne.jp/~comet/k.index.html	パンを製造している作業所の移転にともなう施設整備
—	歩行困難な高齢者・障がい者の移送サービス事業（東久留米市発着）
— http : //www.geocities.jp/kantou_saposen/	聴覚障がいを有する学生へ、講義通訳などを斡旋
kodomohiroba@yahoo.co.jp http : //www.geocities.jp/kodomohiroba/	子どもが自由に生きることを応援するための電話相談事業
single–m@big.or.jp http : //www 7.big.or.jp/~single–m/	シングルマザーが子どもとともに生きやすい社会を求めた実態調査・提言
jscf@jscf.org http : //www.jscf.org/jscf/	脊髄損傷者の完全治癒と早期社会復帰をめざした活動
— http : //www.geocities.jp/ktm 2003 ktm/	重度障がいをもっていても、住みたいところで暮らせる地域づくり

巻末資料1　ぐらんが

	団体名	住所・電話
95年度	NPO法人足立区ろう者福祉推進合同委員会	足立区竹の塚6–15–2エクシード竹の塚301号　☎03–3885–4585
	自立ステーションつばさ	多摩市馬引沢1–1–16–4レスト96　102号　☎042–389–6491
	たすけあいワーカーズ・コーディネーター会	新宿区歌舞伎町2–19–13 ASKビル7階 ☎03–5155–0835
	NPO法人TEENSPOST	町田市原町田3–8–12　アミクラビル5階　☎042–720–0221
	社会福祉法人はる	世田谷区等々力2–36–13 ☎03–3702–0459
	NPO法人みずきの会	町田市本町田2507–4　ハ16–106 ☎042–789–3906
96年度	Asian People's Friendship Society	板橋区大山東町26–9伊澤ビル101号 ☎03–3964–8739
	NPO法人国際協力NGOセンター	新宿区西早稲田2–3–18アバコビル5階 ☎03–5292–2911
	NPO法人コットンハウス、フレンズ	府中市住吉町2–13–4 ☎042–368–2550
	社会福祉法人コメット　就労移行支援事業所・小麦の家	町田市原町田5–4–19コメット会館1階 小麦の家　☎042–727–7305
	NPO法人地域福祉ネット・結	東久留米市南沢4–1–36 ☎042–451–3667
97年度	関東聴覚障害者サポートセンター	なし
	NPO法人市民共同学習プロジェクト子どもひろば	立川市錦町1–15–33西脇コーポ305 ☎042–526–2361
	NPO法人しんぐるまざあず・ふぉーらむ	豊島区長崎5–1–31–819 ☎03–5995–3711(木曜19:00〜21:00)
	NPO法人日本せきずい基金	府中市住吉町4–17–16 ☎042–366–5153
	ライフステーション　ワンステップかたつむり	国立市富士見台4–37–19昭和ビル1階 電話は非公開

〈執筆者紹介〉
樋口《ひぐち》　蓉子《ようこ》　1943年生まれ　草の根市民基金・ぐらん運営委員長
奥田《おくだ》　雅子《まさこ》　1960年生まれ　生活クラブ生活協同組合・東京副理事長
奥田《おくだ》　裕之《ひろゆき》　1963年生まれ　NPOまちぽっと事務局
牧田《まきた》　東一《とういち》　1955年生まれ　桜美林大学教授
高田幸詩朗《たかだこうしろう》　1957年生まれ　特定非営利活動法人JAFSA事務局長

〈草の根市民基金・ぐらん〉
東京都新宿区歌舞伎町2–19–13 ASKビル501号室
電話03–5941–7948、FAX 03–3200–9250
e–mail : grand@citizensfund–grand.org
http : //citizensfund–grand.org/

市民ファンドが社会を変える
二〇〇九年二月五日　初版発行
著　者　奥田裕之・牧田東一ほか

発行者　大江正章
発行所　コモンズ
東京都新宿区下落合一–五–一〇–一〇〇二
TEL〇三（五三八六）六九七二
FAX〇三（五三八六）六九四五
振替　〇〇一一〇–五–四〇〇一二〇
info@commonsonline.co.jp
http : //www.commonsonline.co.jp/
印刷／東京創文社・製本／東京美術紙工
乱丁・落丁はお取り替えいたします。
ISBN 978–4–86187–057–6 C 1036